Anylogic JIANMO YU FANGZHEN

Anylogic建模与仿真

方　昶◎主编

安徽师范大学出版社
·芜湖·

图书在版编目(CIP)数据

Anylogic建模与仿真 / 方昶主编 .— 芜湖：安徽师范大学出版社，2018.3(2025.8重印)
ISBN 978-7-5676-3386-5

Ⅰ.①A… Ⅱ.①方… Ⅲ.①物流—系统建模—应用软件 ②物流—系统仿真—应用软件
Ⅳ.①F252－39

中国版本图书馆CIP数据核字(2018)第034110号

Anylogic建模与仿真　　　　　　　　方　昶◎主编

责任编辑：李　玲
装帧设计：桑国磊
出版发行：安徽师范大学出版社
　　　　　芜湖市北京东路1号安徽师范大学赭山校区
网　　址：http://www.ahnupress.com/
发 行 部：0553-3883578　5910327　5910310(传真)
印　　刷：安徽芜湖新华印务有限责任公司
版　　次：2018年3月第1版
印　　次：2025年8月第6次印刷
规　　格：700 mm×1000 mm　1/16
印　　张：11
字　　数：175千字
书　　号：ISBN 978-7-5676-3386-5
定　　价：58.00元

前　言

目前我们研究现实事物的主要方法是静态的，然而实际生活中大量的事件一般都具有很强的随机性、动态性和复杂性，通常很难用数学方程的形式加以描述，也很难得到系统动态过程的解析表达式。虽然经典的概率及数理统计等数学知识为研究现实中的事物提供了理论基础，但对于实际生活中大量的动态事件而言，只有计算机仿真技术才能提供较为准确的运算结果。因此，建模与仿真是研究动态事件最重要、最有效的方法之一。Anylogic仿真软件（简称“Anylogic”）作为一个独特的建模与仿真软件，它支持3种建模方法：基于离散事件建模、基于系统动力学建模和基于智能体建模，我们可以利用它对现实中的动态事件进行仿真模拟，获取现实运作过程中的相关信息，辅助我们进行管理决策。同时，我们还可以利用Anylogic进行辅助教学，让学生在仿真的模拟操作过程中培养计算机思维，并强化对物流与供应链等相关理论课程的理解。

作为一本软件使用说明书，我们旨在通过对实际案例的操作演示，在让学生熟悉Anylogic软件操作环境的同时，引导学生加深对建模与仿真思想的理解。读者可以把这本书视为学习Anylogic的入门指南，读完这本书并完成练习后，将能够利用过程流程图创建离散事件模型，并会创建简单的基于智能体模型。

本书分为2大部分共7章。第一部分包括第1章，主要介绍了Anylogic软件的一些基础知识；第二部分包括第2章至第7章，主要以银行排队模型、巴斯扩散模型、人群疏散模型、物流与供应链管理模型和工厂模型试验为例，介绍了3种建模与仿真的原理及操作流程。本书的具体框架如下：

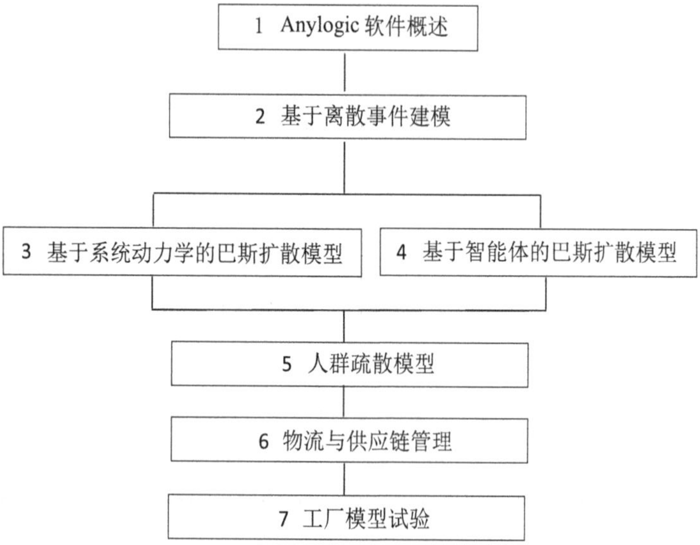

本书由方昶主持编写，北京格瑞纳电子产品有限公司（Anylogic中国总代理）提供支持。编写过程中，下列人员参与了工作：

潘义、刘小卉、刘明辉：1 Anylogic软件概述；

潘义：2 基于离散事件建模；

尤壮壮：3 基于系统动力学的巴斯扩散模型，4 基于智能体的巴斯扩散模型；

刘小卉：5 人群疏散模型；

刘小卉、潘义、刘明辉、尤壮壮、丛祝辉：6 物流与供应链管理；

丛祝辉、刘明辉：7 工厂模型试验。

由于作者的知识和水平有限，书中难免有错误和不妥之处，敬请广大读者批评指正。

方 昶

2017年12月

目　录

1 Anylogic软件概述

1.1 Anylogic软件介绍

Anylogic是一款应用广泛的,针对离散事件、系统动力学、多智能体和混合系统的建模与仿真软件。它的应用领域包括:物流管理、供应链、制造业、行人交通、行人疏散、城市规划建筑设计、城市发展及生态环境、经济学、业务流程、应急管理、公共政策、疾病扩散等。

Anylogic不仅具有丰富的插件库,便于针对不同行业进行模拟创建分析平台,而且基于Java通用平台,拥有超强的二次开发能力,便于开发更多模型及自定义库件。Anylogic在物流研究领域的作用十分显著,如供应链管理、仓储中心仿真模拟、基于GIS(地理信息系统)下的路径规划、配送中心选址等一系列与物流有关的仿真模拟等。运用Anylogic软件进行仿真模拟,可以大大增加物流效率,降低物流成本。

1.2 建模与仿真介绍

1.2.1 仿真的概念

仿真是通过建立实际系统模型并利用所见模型对实际系统进行实验研究的过程。它和现实系统实验的区别在于,仿真实验不是依据实际环境,而是作为实际系统映像的系统模型在相应的“人造”环境下进行的。

仿真的过程是一种实验的过程,也是系统地搜集和积累信息的过程。对一些难以建立数学模型和物理模型的对象系统,便可通过仿真模型来顺利地解决预测、分析和评级等系统问题。通过系统仿真,我们可以把一个复杂的系统降阶成若干子系统以便于分析。在仿真过程中,我们能够启发新的思想或产生新的策略,还能暴露出原系统中隐藏的一些问题,以便及时解决。

1.2.2 仿真的主要步骤

对于每一个成功的仿真研究,其应用都包含着特定的步骤。现实中,仿真研究项目的类型和研究目的各不相同,但仿真的基本过程大体相似,主要包括以下8个步骤。

1.2.2.1 问题定义

在问题定义阶段,对于假设要小心谨慎,不要做出错误的假设。通常,我们对于问题的陈述要抓住重点,且越通用越好。例如,在物流的出货与运输环节,如何设置车辆的数量以及等待时间,如何安排好各车辆的进出路线,如何最大化地节约出货时间,都需要前期详细的考虑和定义。

1.2.2.2 制定目标

没有目标的仿真研究毫无用处,目标是仿真研究所有步骤的导向。通常,目标决定了我们应该做出怎样的假设,应该搜集哪些信息和数据;模型的建立和确认要考虑到能否达到研究的目的。在定义目标时,我们要详细说明哪些性能测度能够决定目标的可实现性,如每小时的产出率、工人的利用率、车辆的平均等候时间等。最后,我们要列出仿真结果的先决条件,如必须通过利用现有设备来实现目标,或最高投资额要在限度内,或产品订货提前期不能延长等。

1.2.2.3 描述系统和列出假设

不论是怎样一个模型,建模要素都非常必要,如资源、流动项目、路径、项目运输、流程控制、运输时间等。清楚地确认仿真模型的各个要素之后,便需要将现实系统做模型描述,并列出模型的假设条件,它远比向计算机模型转化更加困难。

1.2.2.4 列举可能的替代方案

在仿真研究中,确定模型早期运行的可替代方案是很重要的,它影响着模型的建立。在初期阶段考虑替代方案，模型便可能被设计成可以非常容易地转换到替换系统的形式，为后期的施行节省大量时间。

1.2.2.5 搜集数据和信息

搜集数据和信息，除了为模型参数输入数据以外，在验证模型阶段，还可以提供实际数据与模型的性能测度数据进行比较。这些初步数据可以为模型输入参数提供基础，同时也将有助于一些精确数据的搜集。为了使模型能够更接近实际地运行，数据和信息的搜集也是无比重要的。

1.2.2.6 建立计算机模型

构建模型的过程中，首先要构建小的测试模型来证明复杂部件的建模是合适的。建模过程一般呈阶段性，在进行下一阶段建模之前，要验证本阶段模型是否能够正常工作。我们在建模过程中要不断运行和调试每一阶段的模型，而不是直接将整个系统模型构建起来。

1.2.2.7 校验和确认模型

通过校验和确认模型，我们试着判断模型的有效程度。判断模型有效性需要注意的是：

(1)模型性能测度是否同真实系统的性能测度相匹配。

(2)如果没有现实系统来对比，可以将仿真结果同相近现实系统的仿真模型的相关运行结果做对比。

(3)利用系统专家的经验和直觉来假设复杂系统特定部分模型的运行状况。

1.2.2.8 分析输出

报表、图形和表格等常常被用于输出结果分析。一旦通过分析结果并得出结论，我们要能够根据模拟的目标来解释这些结果，并提出实施或优化方案。

1.2.3 解析模型／仿真模型

解析模型：模型中的模型参数、初始条件和其他输入信息以及模拟时间和结果之间的一切相互关系以公式、方程式和不等式来表示。

仿真模型：简单来说，是将一份工作分解为一系列步骤，并按步骤的逻辑关系把它们组合在一起。仿真模型是被仿真对象的相似物或其结构形式，它可以是物理模型或数学模型。

两者的特点和区别如下表所示：

解析模型	仿真模型
静态的，确定性的	动态的，可执行的
用于寻找答案，容易实现	—
难以捕捉时间，动态系统	易于捕捉问题的随机本质
难以捕捉复杂因果关系和时间约束	能够捕捉任何复杂度的因果关系和时间约束
不能随时间运行模型	—
—	可以测量各种量
—	能够详细描述模型中的行为

1.3 Anylogic软件特点

1.3.1 灵活的建模方法

Anylogic以复杂系统设计方法论为基础，同时支持基于Agent、离散事件、系统动力学建模，并且可以以任意组合方式进行混合仿真。

1.3.1.1 基于Agent建模

从实际应用角度看，基于Agent建模是本质上分散化，及个体为中心的建模。确定主动实体，即智能体（可以是人、公司、项目、资产、车辆、动物、船、城市、产品等），定义它们的行为（主要驱动力、反应、记忆、状态等），把它们放到一个主环境中，或可建立社会网络，然后运行仿真模型，则整体（系统层）行为就展现为很多个体行为交互的结果。

Anylogic的可视化语言，显著地简化了基于Agent建模的开发工作：

（1）UML状态图：用于定义Agent行为。

（2）行为图：用于定义算法。

(3)环境对象:可描述Agent环境并搜集统计数据。

(4)事件:用于描述偶然或特定时间的事件。

以上结构几乎可描述Agent所有方面的行为,如果需要创建一些特殊描述的模型,可以编写特定的Java代码;基于Agent的模型可以与基于离散事件和系统动力学的模型无缝地组合;Agent本身可以包含在系统动力学存量、流量或流程图中。

1.3.1.2 基于离散事件建模

我们周围的世界表现是“连续的”,但分析那些过程时,在很多时候,明智的做法是对连续的本质进行抽象,只考虑那些系统过程中“重要的”时刻和事件。基于离散事件建模技术以定义的非连续的事件近似为连续的真实世界的过程。离散事件主要用于狭义代表“以过程为中心”的建模,建议将分析的系统表示为一系列作用于特定类型的实体(交易)的操作,如顾客、文件、零件、数据包、车辆、电话等。实体是被动的,但是可以具有属性,能影响它们被处理的方式,或随着实体在过程中的流动而改变。以过程为中心的建模是中等偏下抽象度的建模途径。虽然每个对象作为实体单独进行建模,但建模者通常忽略了很多“物理层”的细节,如精细的几何形状、加速和减速等。以过程为中心的建模广泛运用于制造、物流和医疗领域。

(1)Anylogic支持基于离散事件或以过程为中心的建模。

(2)Anylogic标准库中,可创建任何离散事件的模型,只需拖放、连接模块并参数化即可。

(3)Anylogic标准库对每个模块都有默认的动画,也可以自定义开发任何复杂度流程的动画,并在模型运营时管理参数。

1.3.1.3 基于系统动力学建模

基于系统动力学建模通常用于长期、战略性模型,假设被构建对象高度聚合:在系统动力学模型中,人、产品、事件及其他离散项都用数量代表,因此它们就失去了所有的个体属性、历史或动态变化。如果问题适合这种抽象程度,系统动力学会是可以使用的正确方法。Anylogic采用了为系统动力学建模者所熟悉的方式来设计和模拟反馈结构(存量、流程图和决策规则,包括数组变量,又叫下标)。

Anylogic不仅支持传统的系统动力学存量和流量绘图,而且提供更多特性:

(1)Anylogic模型中可开发自定义交互动画,相比只有存量和流量图,可更丰富地描述模型。

(2)Anylogic模型可与其他模型相组合。

(3)Anylogic可从VenSim直接导入动力学模型。

(4)Anylogic基于Eclipse平台,其开发环境更现代化且易用。

1.3.2 简易的建模语言

Anylogic完全基于Java语言开发,几乎支持所有Java应用,能够利用丰富的Java资源,从而与更多的系统进行结合。Anylogic是一款可以将UML语言引入模型仿真领域的工具。

1.3.3 先进的建模技术

(1)支持多种方法建模。

(2)行人库基于社会力模型,比传统仿真软件更贴近真实行人特征。

(3)提供专业模型的调试。

(4)方便团队协同开发。

(5)开放性强,可通过二次开发,自定义控件库。

1.3.4 丰富的建模库件

1.3.4.1 标准库(企业库)

标准库(企业库)集合了所有定义工作流程的对象,如发生器、接收器、延迟、服务、输出选择等,以及相关的资源。所有对象都可以自定义:它们的参数可以动态改变,行动可能取决于实体的属性等。对象有输入/输出扩展点,用户可以定义需要在实体上执行的行为。一般类实体(实际上是Java类)反过来也能通过添加自定义字段和方法而得到扩展。标准库还包含一系列特别为“注重空间”的过程所设计的对象,这些对象在某类物理空间中发生并涉及实体和资源的运动。这些对象的集合很大程度上简化了此类系统的建模,被称为网络建模。使用这项技术,需要定义网络拓扑结构(如在作为背景的设施地图上绘制Anylogic图形)、资源池和流程本身。流程定义可以结合特定网络对象(如移向定点、占用资源单位)和常规标准库对象。实体和资源会自动生成动画,沿着网络段移动或待在节点,并且和常规动画交织在一起。

1.3.4.2 行人库

用传统的离散事件方法来模拟人流较大的场所(如机场、地铁、博物馆、运动场所等)所得到的结果往往不准确,Anylogic提供的行人库在建模过程中可以成功地模拟人与人之间的互动,真实地反映周围的环境(如墙、十字转门、电梯、椅子等)特点,再现行人举动,并由此搜集相关数据。行人库中的对象使得用户可以用流程图的方式进行建模,而且它们与标准库也可以很好地融合在一起,这样一来对于建模过程中那些不太注重物理层交互的地方,就可以使用更高层次的离散事件建模。

1.3.4.3 轨道库

轨道库使用户可以高效地建模、仿真和可视化任意复杂度和规模的铁路调车场作业,用户可以很自然并轻易地将铁路调车场模型和相关的运输、装卸、资源分配、维护、商业流程等离散事件或基于Agent的模型结合起来。它可以生成详细而又高效的仿真模型,这在使用优化器确定最佳调车场管理规则时十分重要。

1.3.4.4 公路交通库

公路交通库允许用户创建、仿真和可视化车辆交通模型,提供了非常有效的实体车辆移动建模,同时支持高度细节,非常适合建模多种交通场景:高速路交通、道路交通、制造区域内部运输、停车场,或只要包含车辆、道路和车道的任何系统。

1.3.4.5 自定义开发库

自定义开发库可以将一些特定应用领域里可再次利用的对象以及Java

类打包起来，作为一个控件库保存。自定义开发库可以和标准库在面板中同时打开，故可以把定制的仿真解决方案与项目成员共享，或者发给客户。

1.4 安装程序步骤(以版本7为例)

(1)文件夹里会有两个程序，第一个适合操作系统为32位的系统，第二个适合操作系统为64位的系统。请按照自己电脑的配置选择安装，如图1-1所示。

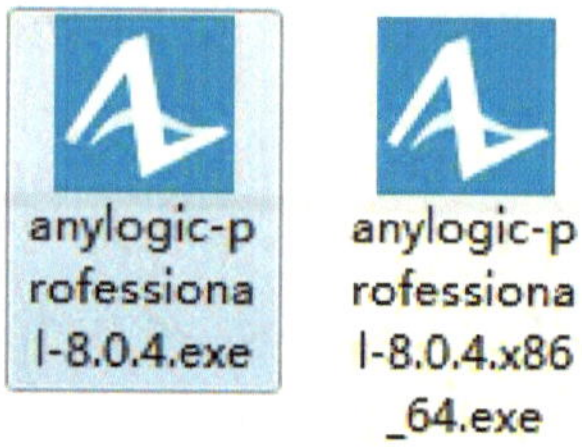

图1-1

(2)点击“I Agree”，如图1-2所示。

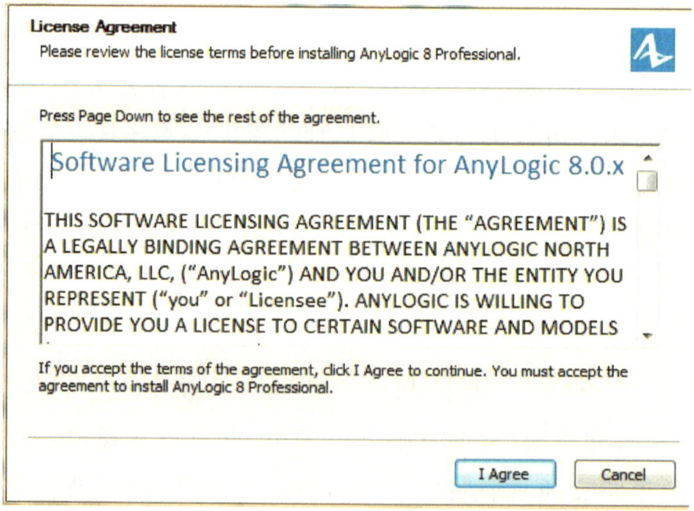

图1-2

(3)点击“Install”,如图 1-3 所示。

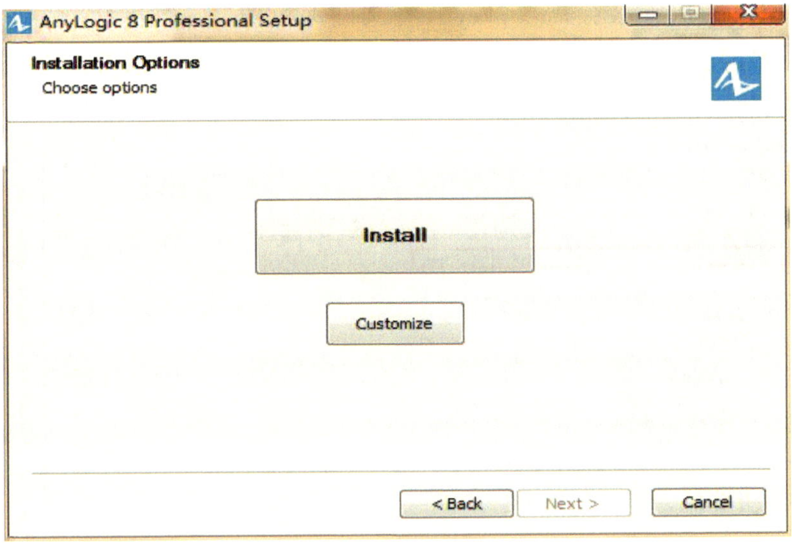

图 1-3

(4)等待,暂时不要进行任何操作,如图 1-4 所示。

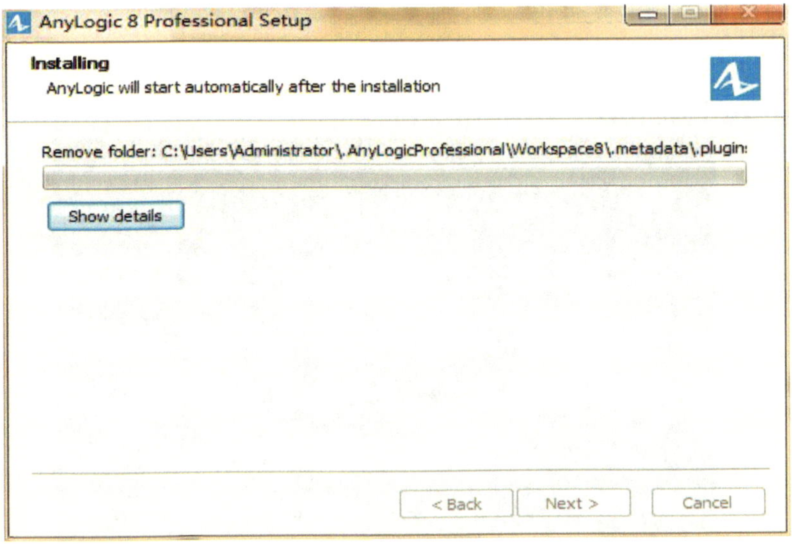

图 1-4

（5）若是试用版，在上一步结束后，将跳转到图1-5的界面，按步骤进行操作。注意：初次安装会需要“key”，将文件夹里的“key”复制粘贴到“key”文本框中即可。

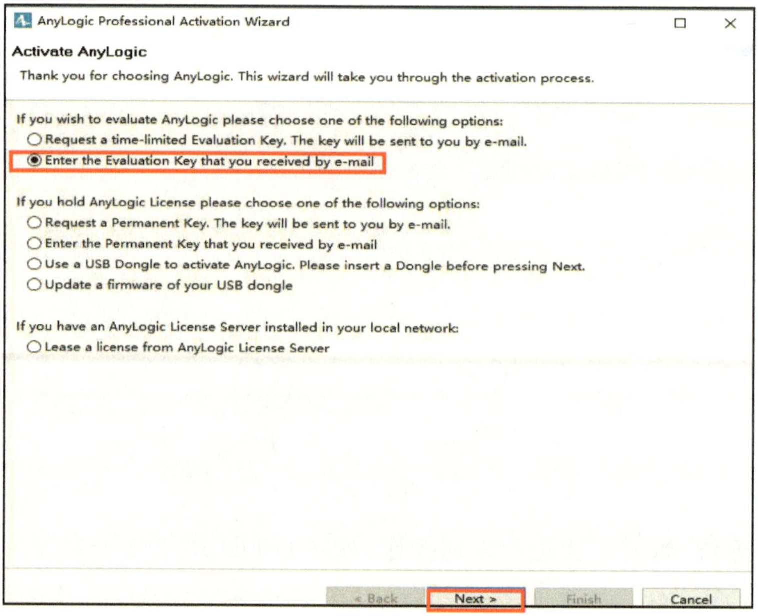

图1-5

（6）自动跳转到以下界面，如图1-6所示。

图1-6

（7）进入欢迎界面，包括教程、示范案例等。注意：进入系统后，首先修改语言，即点击“tools”→“preferences”→“general”→“language”，选择“中文”，之后系统自动重启，修改完成；其次更改组合键，点击“工具”→“偏好”→“组合键”，删除默认设置，同时按住键盘上的“Alt”和“X”（注意是按键盘上的按键，而非手动输入），即可完成组合键“Alt+X”的更改，如图 1-7 和图 1-8 所示。

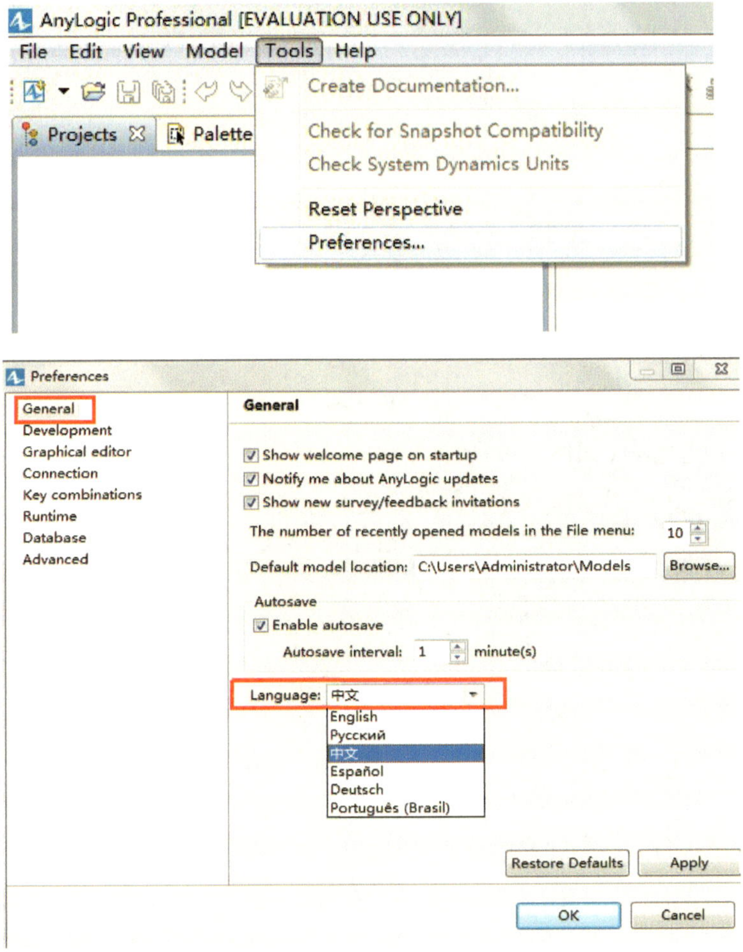

图 1-7

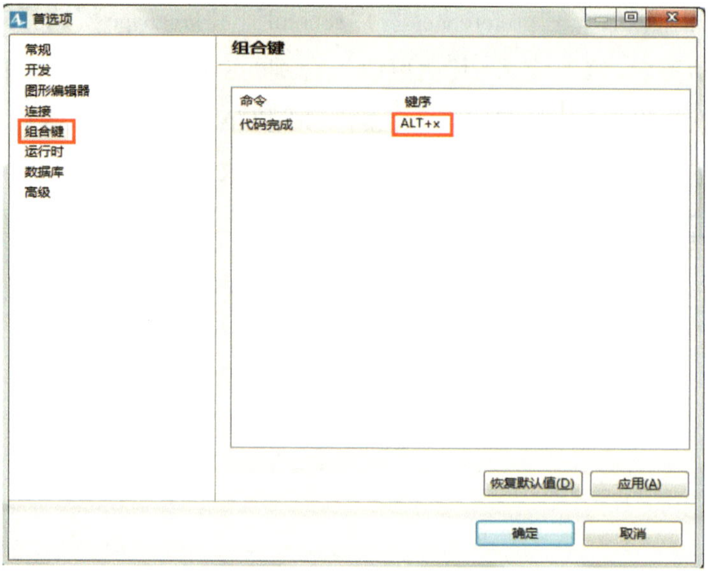

图 1-8

（8）安装完毕，如图 1-9 所示。

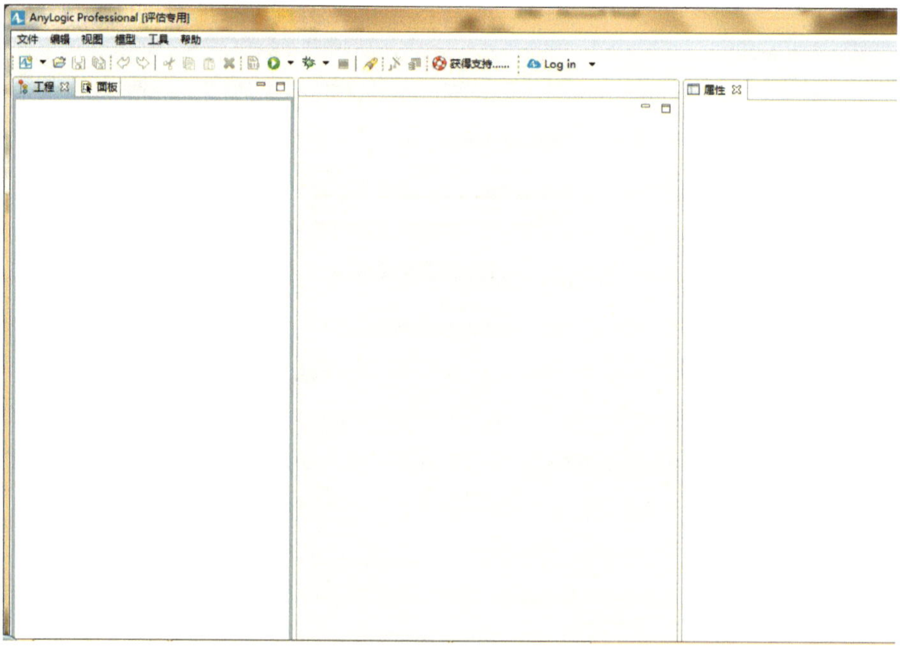

图 1-9

2 基于离散事件建模

2.1 学习目标

(1)理解基于离散事件建模的概念和含义。

(2)熟练掌握流程建模库中各控件的用法。

(3)学会使用流程建模库创建银行排队模型。

(4)理解并掌握基于离散事件建模的思想和方法。

本章将对基于离散事件建模的概念和含义进行介绍,并通过对基于离散事件建模的典例——银行排队模型的详细介绍和操练,让读者熟悉流程建模库(基于离散事件建模的常用工具)中各控件的含义和用法。通过银行排队模型的演示,将基于离散事件建模的思想和方法融入其中,用案例展现基于离散事件建模的思想和方法。

2.2 基于离散事件建模简介

基于离散事件建模是以过程为中心的建模,使用的Anylogic工具主要是流程建模库。流程建模库集合了所有定义工作流程的对象,如原始码、接收器、延时、服务、输出选择等,以及相关的资源。所有对象都可以自定义:它们的参数可以动态改变,行动可能取决于实体的属性等。对象有输入/输出扩展点,用户可以定义需要在实体上执行的行动。基于流程建模库的模型组成部分能自然地和系统动力学、基于主体模型组成部分或Anylogic的要素(如事件、状态图)相互操作。

如果所建模的系统很复杂,可以将其分解为几个部分,然后在不同的活动对象里分别建模。用户可以定义子进程的起始和结束点,将它们作为模型组件的界面进行展示,或者隐藏子进程的执行过程。在最高级模型中,用户可对那些高层组件进行实例化,并将它们联系在一起。由于每个活动对象都可以进行多次实例化和参数化,这为模型内和跨模型组件的重复使用提供了一个很好的基础。

2.3 基于离散事件建模的典例——银行排队模型

2.3.1 阶段一:创建一个简单模型

假设一个银行里面有一台ATM机,银行内的业务流程如下:

(1)平均每小时有45人到。

(2)进入银行后,一半人去ATM机,另一半去柜台。

(3)ATM机的业务办理时间最短1min,最长4min,最常见2min。

(4)柜台的业务办理时间最短3min,最长20min,最常见5min。

(5)有30%的人用完ATM机后,继续到柜台办理业务,其余的则离开银行。

(6)银行柜台共有4名员工,所有等待办理业务的人共用一条队列。

(7)柜台业务办理结束后,人离开银行。

我们需要得到:

(1)员工的利用率。

(2)ATM机前面的平均排队长度。

(3)顾客在银行里花费的时间。

首先创建一个ATM机前面排队、服务过程的简单逻辑模型。已知条件如下:

(1)顾客到达率为0.75人/min。

(2)ATM机的业务办理时间服从triangular(1,2,4)min(意为业务办理时间随机为1~4分钟)。

2.3.1.1 步骤一

(1)创建新模型,命名为“Bank”(单击“文件”→“新建”→“模型”)。

（2）打开流程建模库（单击“视图”→“面板”→“流程建模库”），如图 2-1 所示。

图 2-1

（3）在“Main”中顺序添加“Source”“Queue”“Delay”“Sink”，分别命名为“source”“queue”“delay”“sink”，如图 2-2 所示。

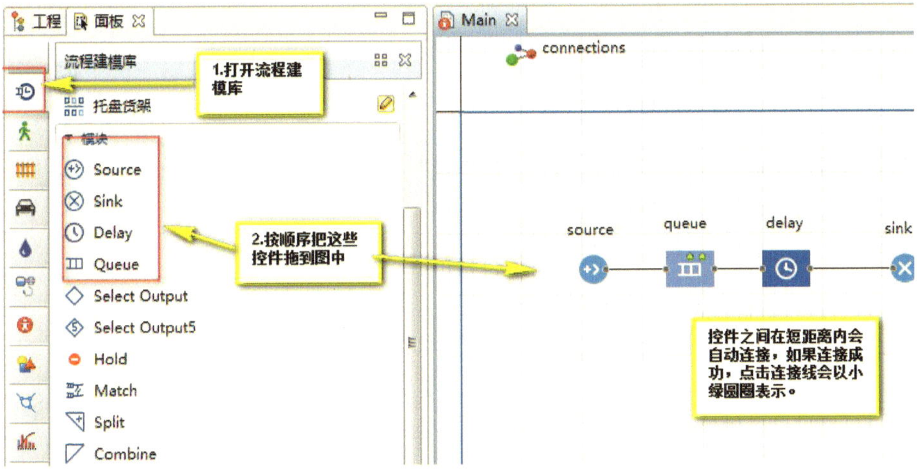

图 2-2

2.3.1.2 步骤二

打开 Bank 模型的属性，将模型时间单位改成分钟（单击“工程”→“Bank”），如图 2-3 和图 2-4 所示。

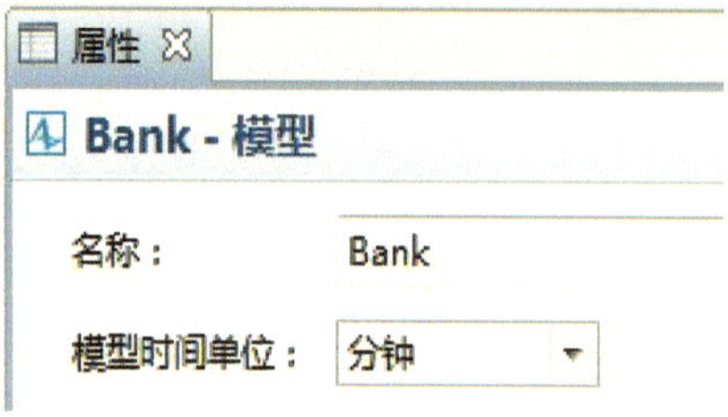

图2-3

图2-4

2.3.1.3　步骤三

打开source的属性（单击“Main”中的“source”，右侧会显示出其属性栏），定义到达速率为0.75（此处默认模型单位仿真时间为分钟，可在模型属性中查看修改），如图2-5所示。

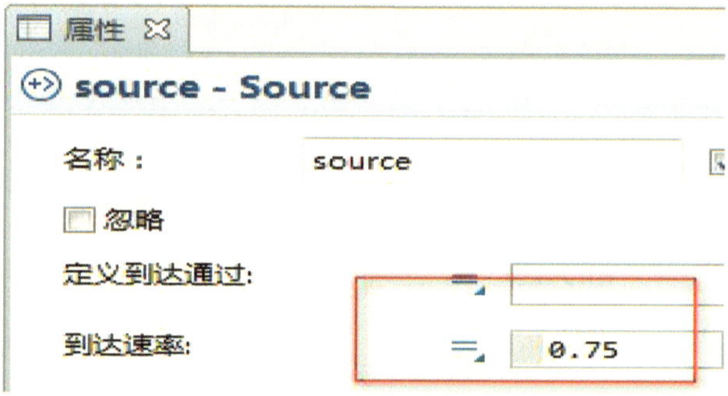

图2-5

2.3.1.4　步骤四

打开queue的属性，定义queue的容量为15，即队列最多容纳15人（若单击“最大容量”则表示数量没有限制），如图2-6所示。

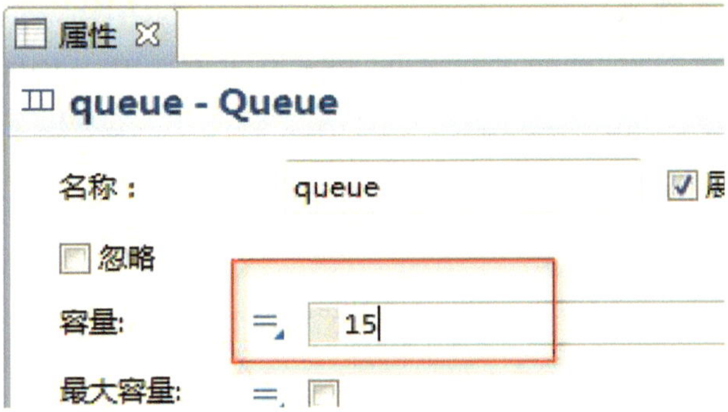

图 2-6

2.3.1.5 步骤五

打开 delay 的属性，修改名称为“ATM”，延迟时间为 triangular（1，2，4）min，表示每个人使用 ATM 机的时间随机为 1 到 4 分钟，系统默认的时间单位为分钟，保持容量值不变，因为只有 1 台 ATM 机，如图 2–7 所示。

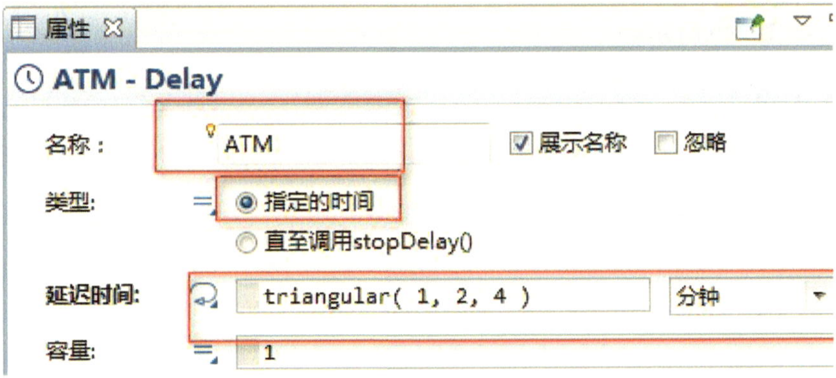

图 2–7

2.3.1.6　步骤六

单击“构建模型”按钮进行调试，检查是否有错误，如图 2-8 所示。

图 2-8

2.3.2　阶段二：建立模型动画

阶段一已经定义了流程，但是想清晰地看到银行里实际的业务流程，还需要定义动画。下面我们将在图上绘制 ATM 机和队列的动画，然后指定排队顾客和使用 ATM 机顾客的动画，还会把 ATM 机的实时状态显示出来。

2.3.2.1　步骤一

（1）打开“空间标记”面板，双击“路径”后的小铅笔，在“Main”中画一条路径，如图 2-9 所示。

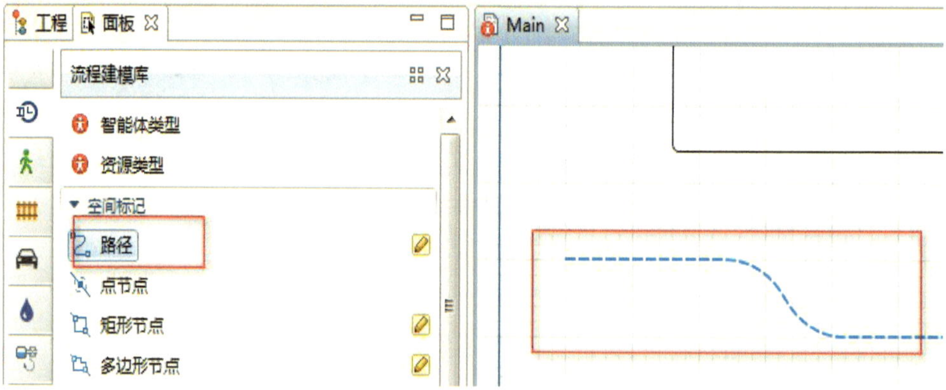

图 2-9

(2)设置队列“queue”的属性,将智能体位置设置为path,如图 2-10 所示。

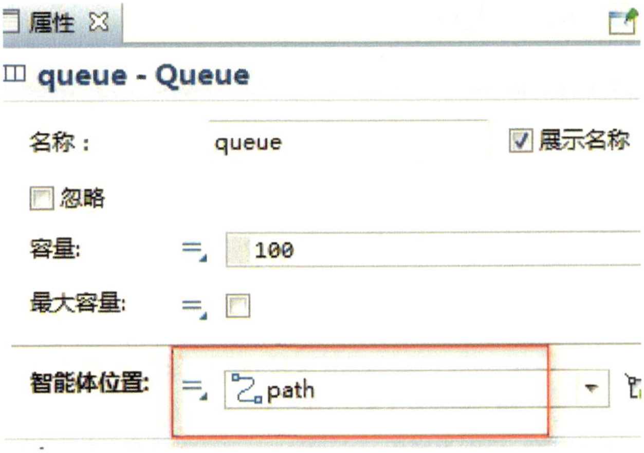

图 2-10

2.3.2.2　步骤二

(1)单击“空间标记”面板中的“点节点”,拖到“Main”中的路径后面,定义 point 的颜色为 ATM.size()>0?red:green,如图 2-11 和图 2-12 所示。

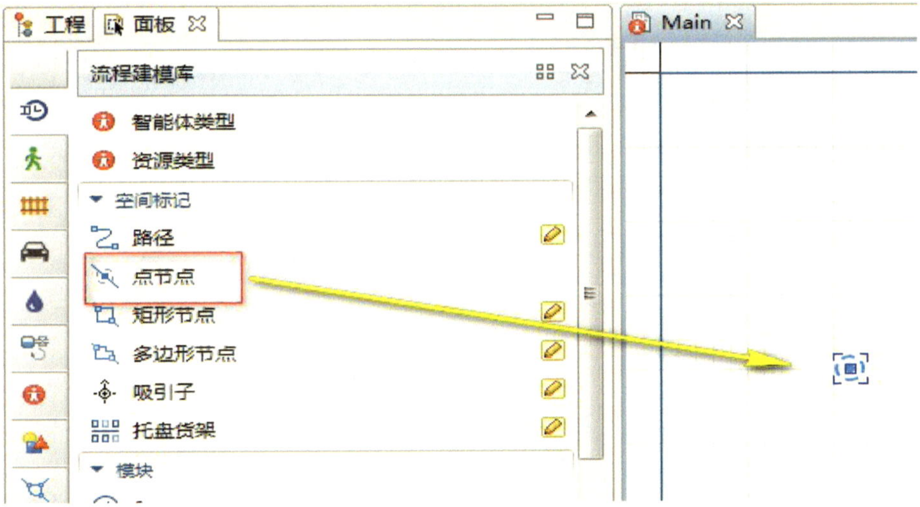

图 2-11

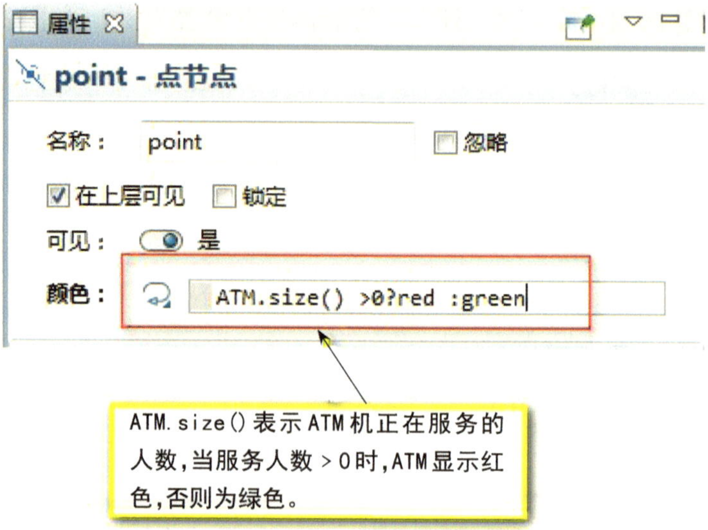

图 2-12

（2）设置“ATM”的属性，将智能体位置设置为 point，如图 2-13 所示。

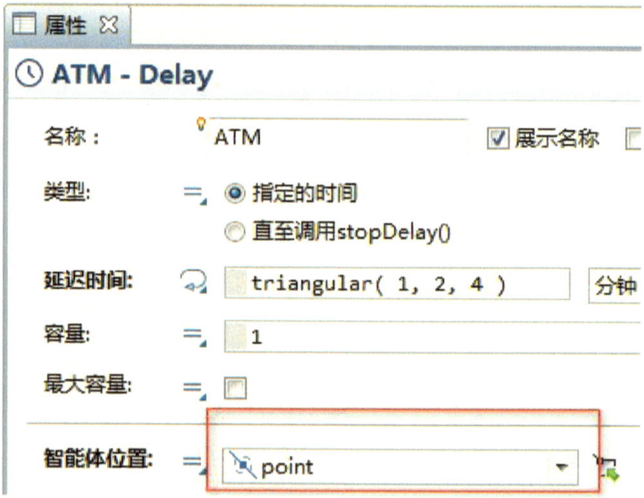

图 2-13

2.3.2.3 步骤三

打开三维物体面板，找到“超市”中的“自动柜员机”，拖到“Main”中的“点节点”后面，如图2-14和图2-15所示。

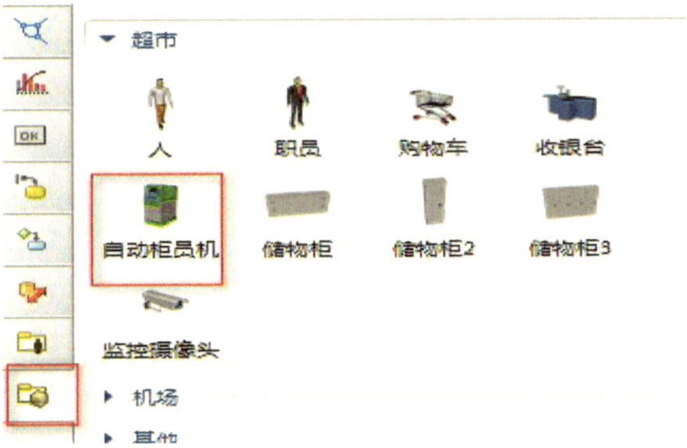

图2-14

图2-15

2.3.2.4 步骤四

（1）将“智能体类型”拖入“Main”中，设置新类型名称为“MyAgent”，点击“下一步”选择三维人，点击“完成”，如图2-16、图2-17、图2-18所示。

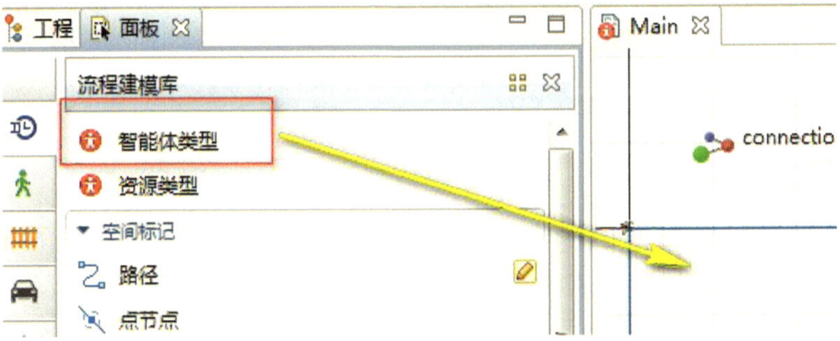

图2-16

图 2-17

图 2-18

（2）点击“source”，将 source 属性中的新智能体改为“MyAgent”，如图 2-19 所示。

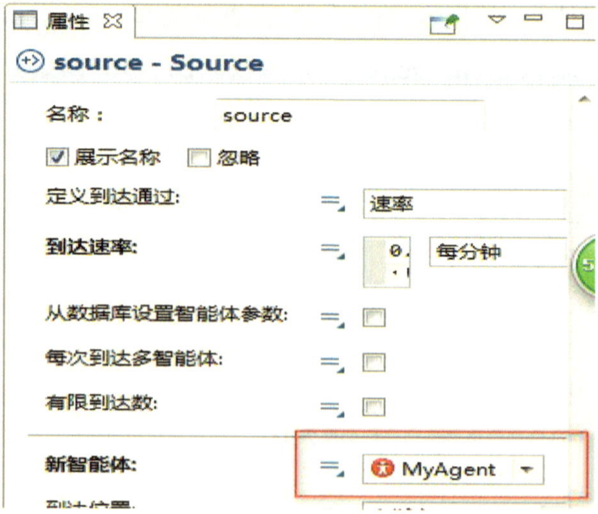

图 2-19

2.3.2.5 步骤五

单击“运行”按钮运行模型，观察模型动态，如图2-20所示。

图2-20

2.3.2.6 步骤六

我们已经建了二维模型，此模型也可用三维的效果来显示：

（1）打开演示面板，将“三维窗口”拖入“Main”中，如图2-21所示。

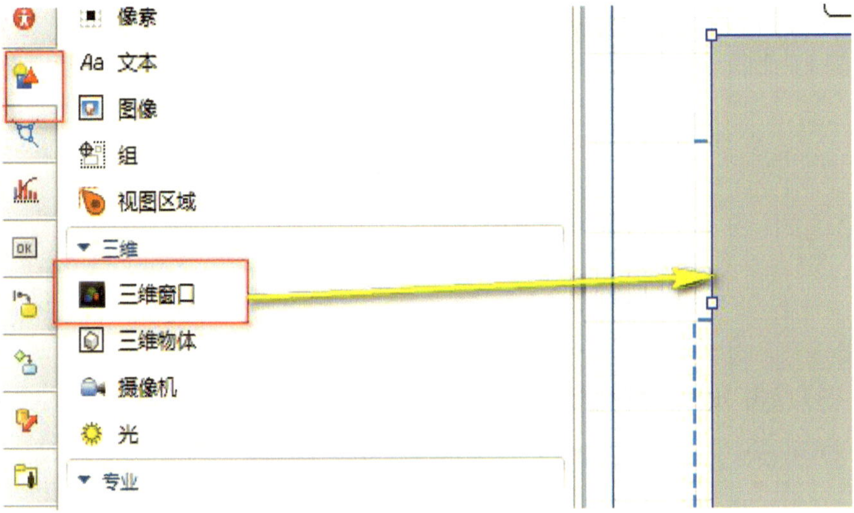

图2-21

（2）选中ATM，在其属性栏中将ATM机旋转0度，如图2-22所示。

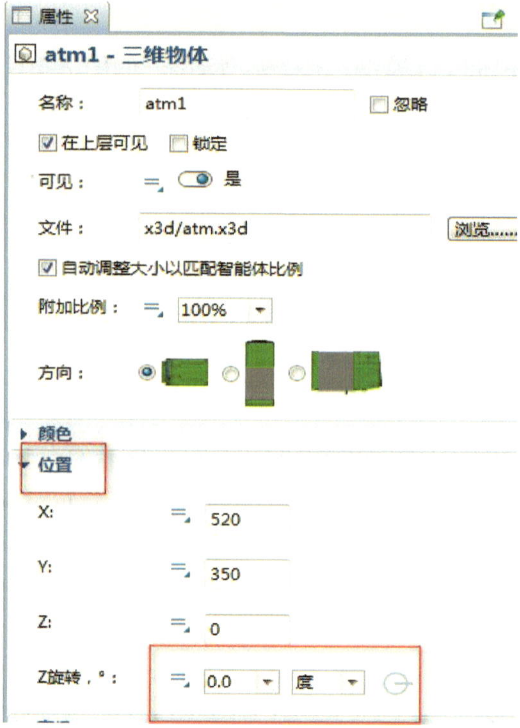

图 2-22

(3)点击“运行”按钮运行模型，运行结果如图 2-23 所示。

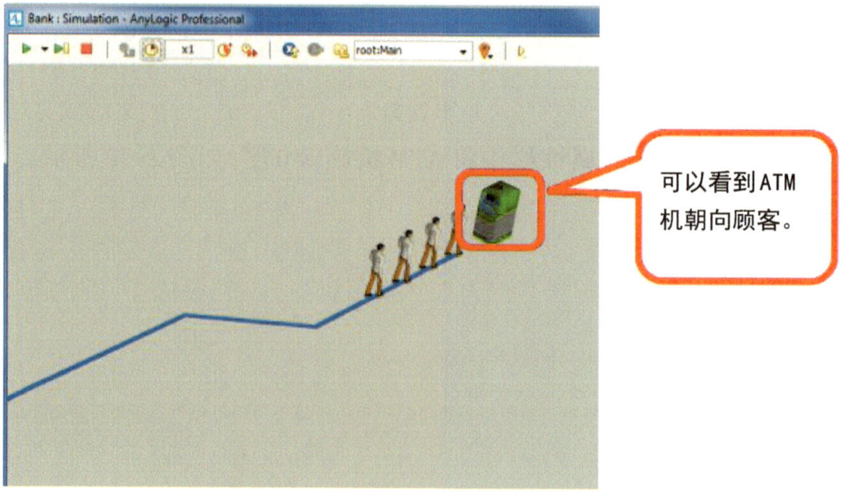

图 2-23

2.3.3 阶段三:加入柜台员工资源

现在我们需要加入银行内部柜台的业务流程,包括柜台员工资源。从ATM机完成业务的顾客以一定比例去往柜台继续办理业务,其余的则离开银行。

已知条件如下:

(1)顾客进入银行后,50%去ATM机,50%去柜台。

(2)柜台业务办理时间服从triangular(3,5,20)min。

(3)在ATM机办理完业务的顾客,30%去柜台继续办理其他业务,其余的则离开银行。

(4)共有4名柜台员工。

2.3.3.1 步骤一

打开流程建模库,拖动"Service"到图中位置,并命名为"service",修改service的队列容量为20,延迟时间为triangular(3,5,20)min,如图2-24和图2-25所示。

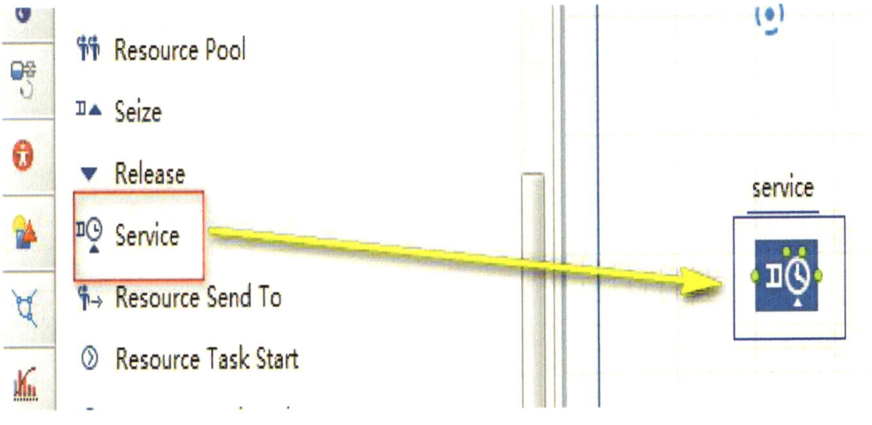

图2-24

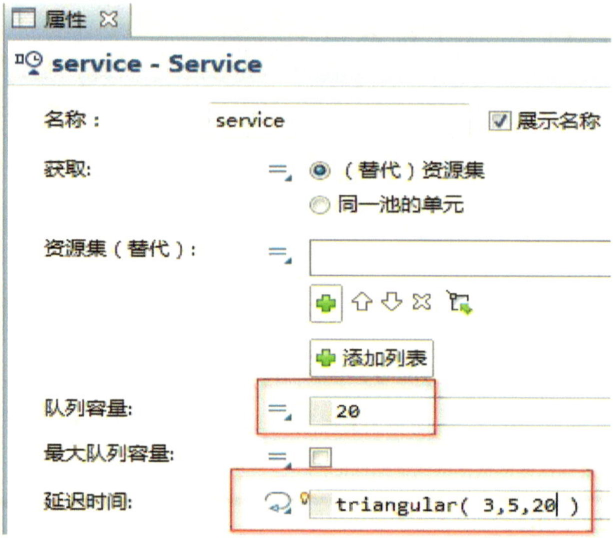

图 2-25

2.3.3.2 步骤二

（1）删除 source 和 queue 之间的连接线（单击连接线，按“Delete”键或单击右键，选择“删除”），添加流程建模库中的 Select Output 到图中，并命名为“selectOutput”，重新连接各控件，如图 2-26 所示。

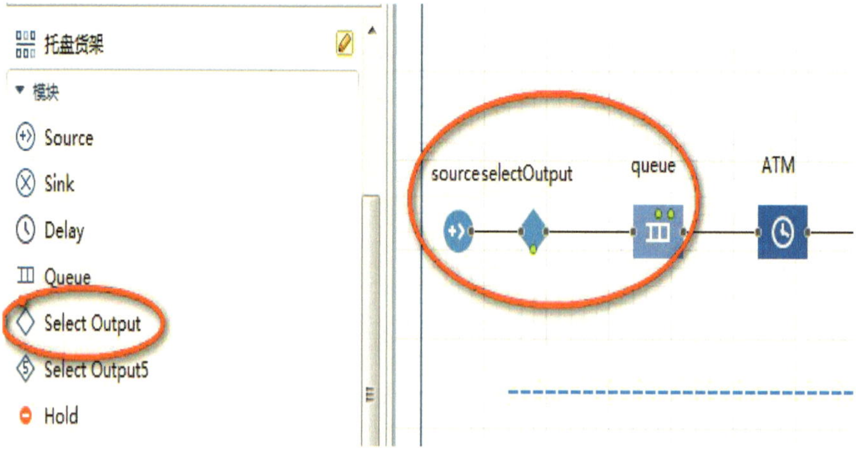

图 2-26

(2)设置 selectOutput 的概率为 0.5(单击“Main”中的“selectOutput”,右侧会显示出其属性栏),如图 2-27 所示。

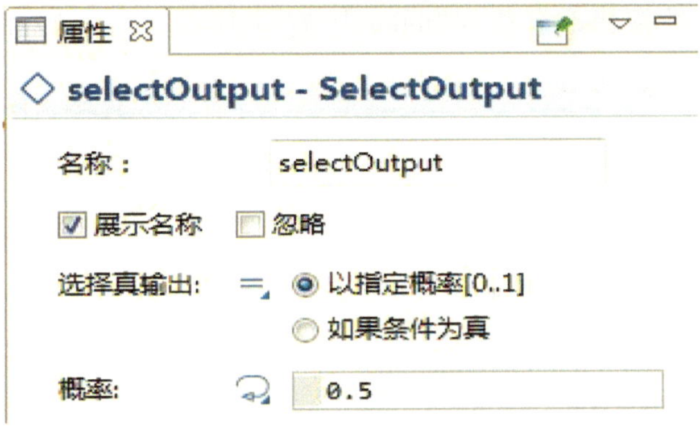

图 2-27

(3)连接 selectOutput、service 和 sink,如图 2-28 所示。

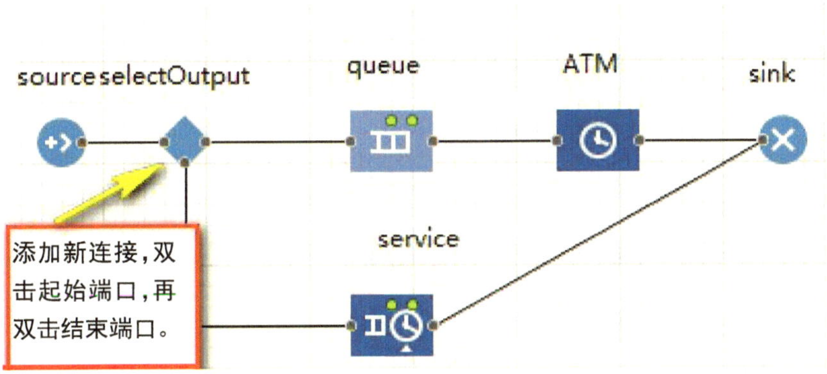

图 2-28

2.3.3.3 步骤三

现在为柜台添加4个员工资源：打开流程建模库，拖动“Resource Pool”到图中，在属性栏修改名称为“tellers”，容量为4，如图2-29和图2-30所示。

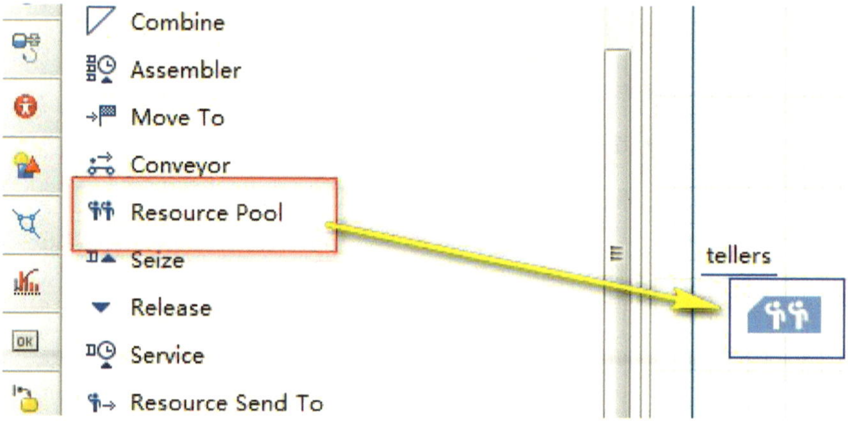

图2-29

图2-30

2.3.3.4 步骤四

选中流程图中的"service",为service指定资源为tellers,如图2-31所示。

图2-31

2.3.3.5 步骤五

(1)双击流程建模库中的"矩形节点",在"Main"中绘制一个矩形,为顾客指定等待办理柜台业务的区域,并命名为"waitingArea",如图2-32和图2-33所示。

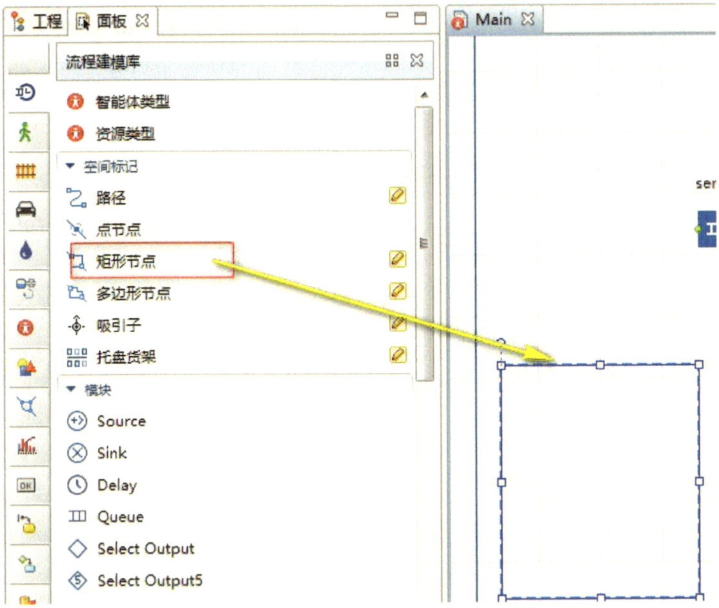

图2-32

图 2-33

（2）绘制顾客服务所在区域（双击流程建模库中的“矩形节点”，在“Main”中绘制一个矩形），在其属性栏将其命名为“serviceArea”，并为“serviceArea”指定 4 个吸引子，如图 2-34 和图 2-35 所示。

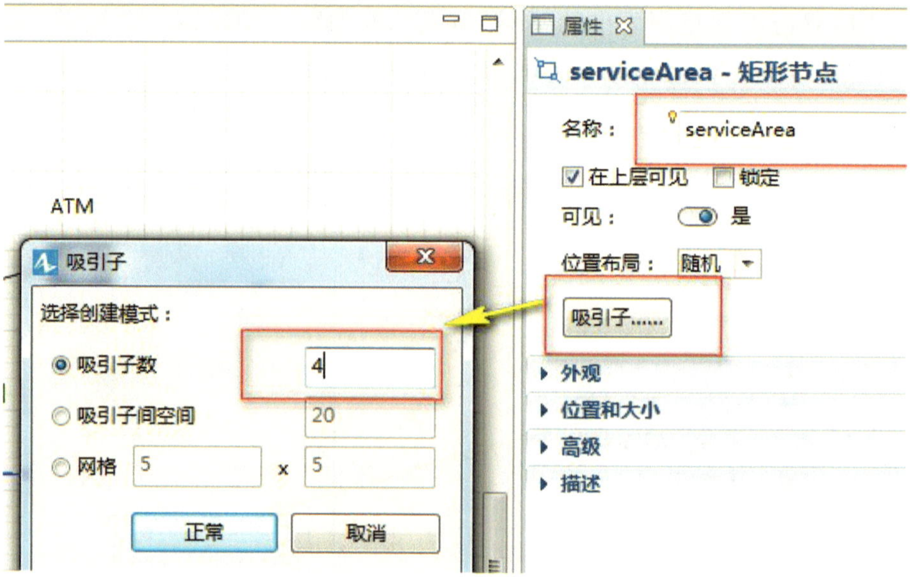

图 2-34

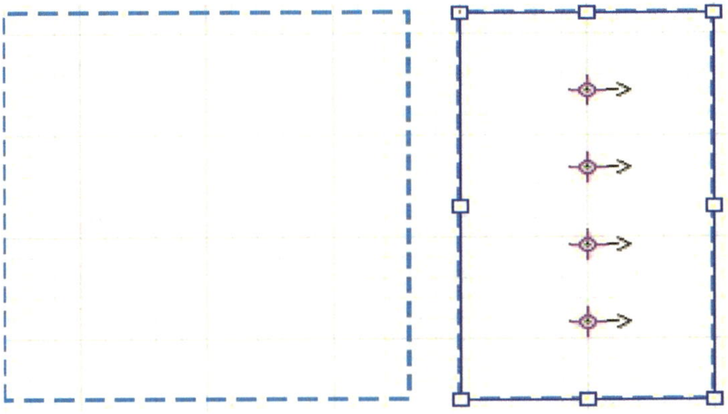

图 2-35

(3)关联 service 和 waitingArea、serviceArea。单击 service，在其属性栏将智能体位置(队列)改为 waitingArea，智能体位置(延迟)改为 serviceArea，如图 2-36 所示。

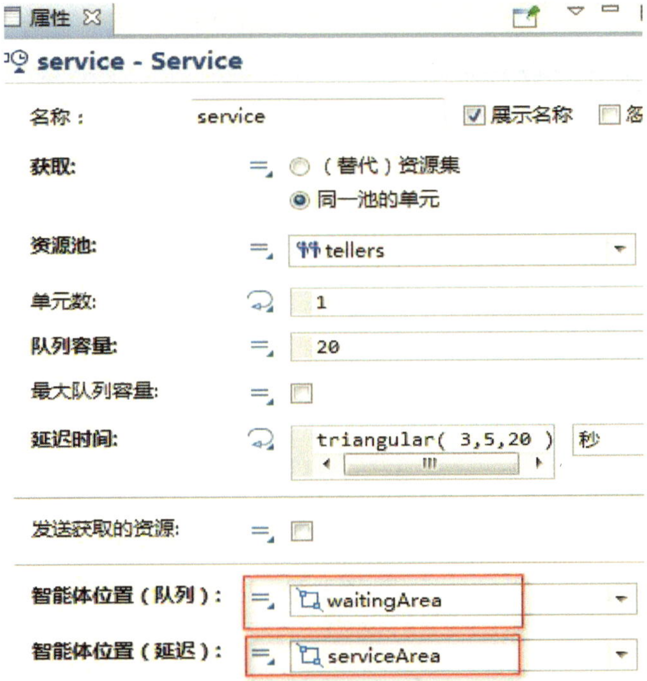

图 2-36

2.3.3.6 步骤六

(1)绘制员工的工作区域，在其属性栏将其命名为“tellersArea”，并为tellersArea 指定 4 个吸引子，在吸引子属性栏将吸引子方向改为 180 度，如图 2-37、图 2-38、图 2-39 所示。

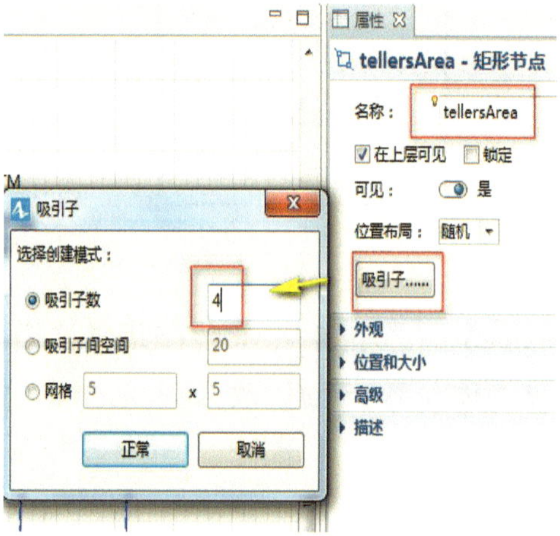

图 2-37

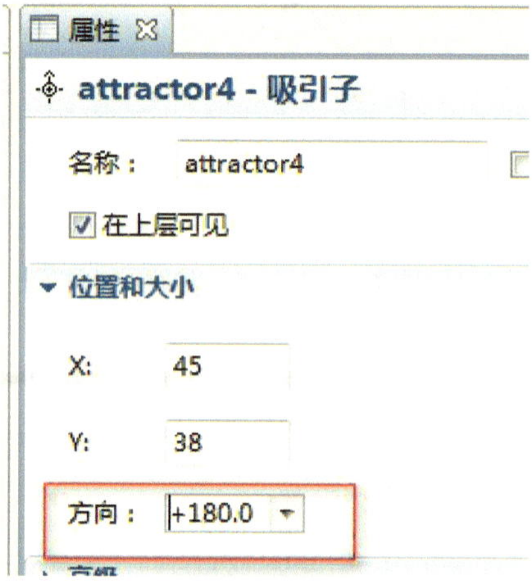

图 2-38

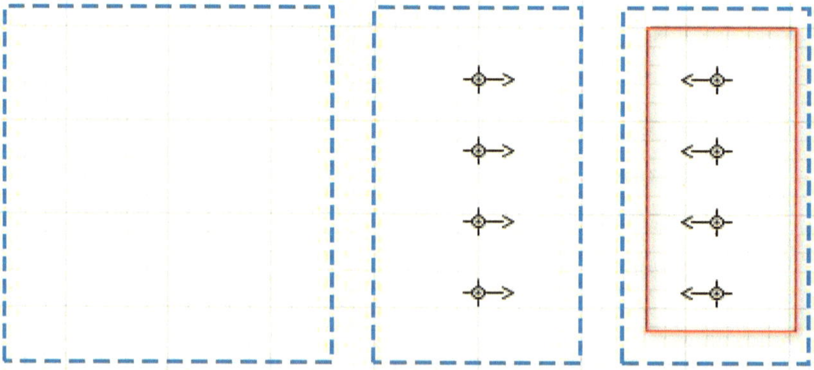

图 2-39

（2）关联资源 tellers 和 tellersArea，如图 2-40 所示。

图 2-40

2.3.3.7　步骤七

前面已经为顾客定义了 3D 形象，现在继续为银行柜员添加 3D 形象。

（1）打开流程建模库，拖动"资源类型"到图中，并命名为"Teller"，选择三维职员形象，点击"完成"，如图 2-41 和图 2-42 所示。

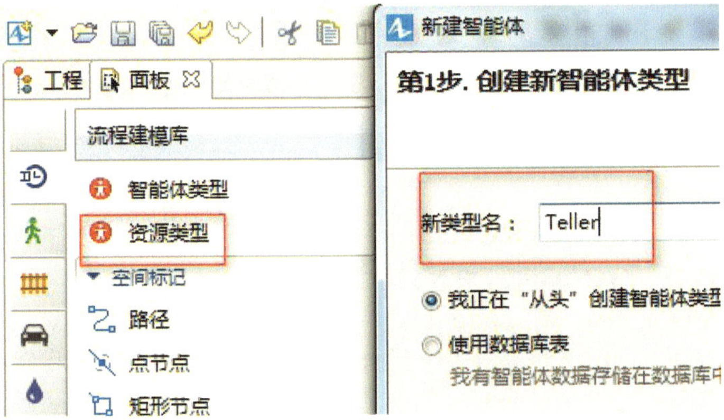

图 2-41

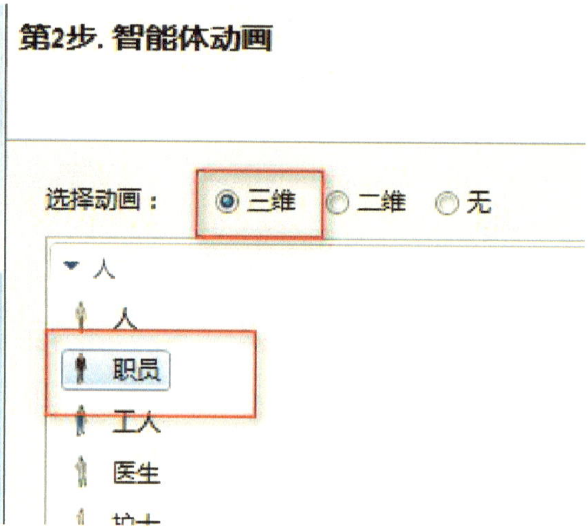

图 2-42

（2）关联 tellers 和 Teller，如图 2-43 所示。

图 2-43

2.3.3.8　步骤八

（1）打开三维物体面板，拖动4个桌子到图中的4个吸引子处，如图2-44所示。

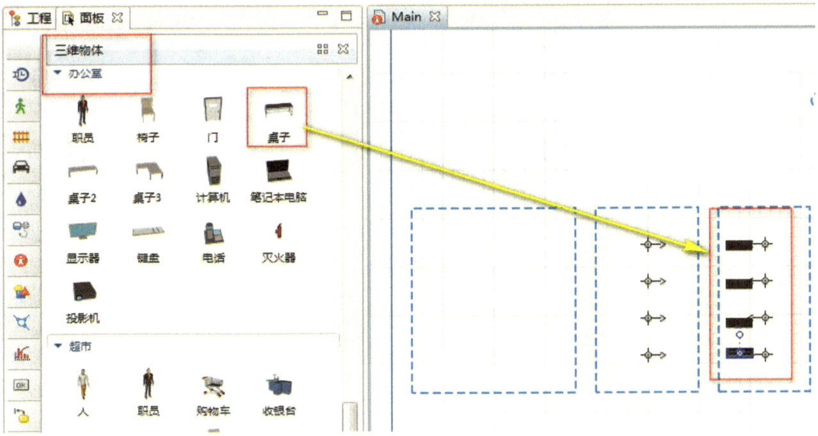

图2-44

（2）全选4个桌子，在其属性栏将方向旋转90度，如图2-45所示。

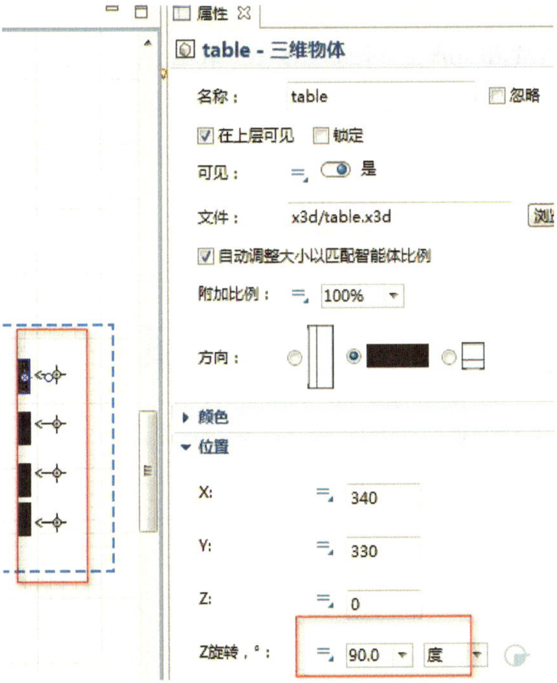

图2-45

（3）再次运行模型，观察状态，如图 2-46 所示。

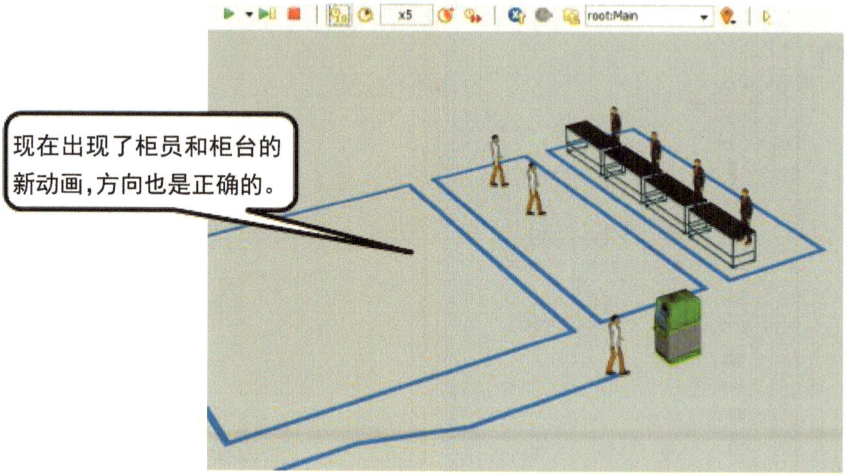

图 2-46

2.3.4 阶段四：修改从 ATM 机出来的顾客流程

（1）删除 ATM 和 sink 之间的连接线（单击连接线，按“Delete”键或单击右键，选择“删除”）。

（2）在 ATM 后面增加新的 selectOutput1，重新连接各控件（双击起始点，在需要拐弯的地方单击，在终点双击），如图 2-47 所示。

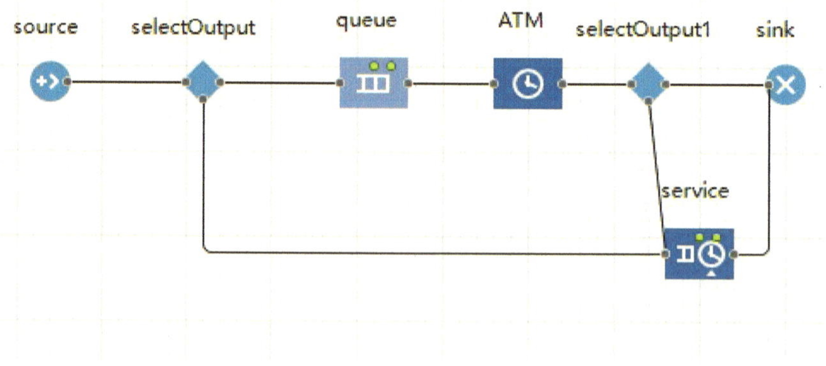

图 2-47

（3）设置 selectOutput1 的概率为 0.7，运行模型查看状态，如图 2-48 所示。

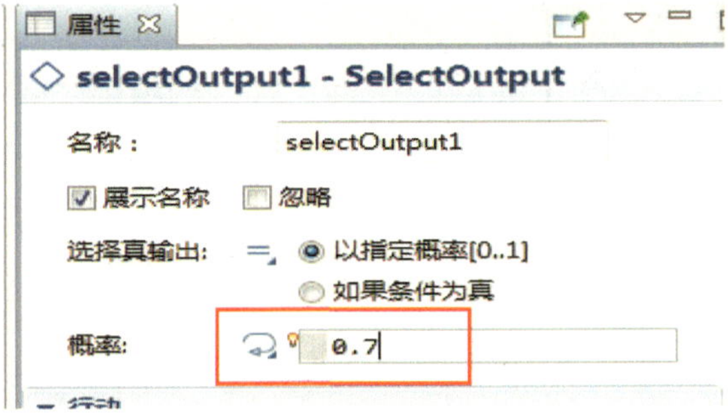

图 2-48

2.3.5 阶段五：增加数据统计

利用条形图统计员工的利用率和 ATM 机前面的平均排队长度，再利用直方图统计顾客在银行里花费的时间。

2.3.5.1 步骤一

利用条形图统计员工的利用率。

（1）打开分析面板，拖动“图表”里的“条形图”到图中，设置数据的值为 tellers.utilization()，设置图例的位置及宽度，如图 2-49 所示。

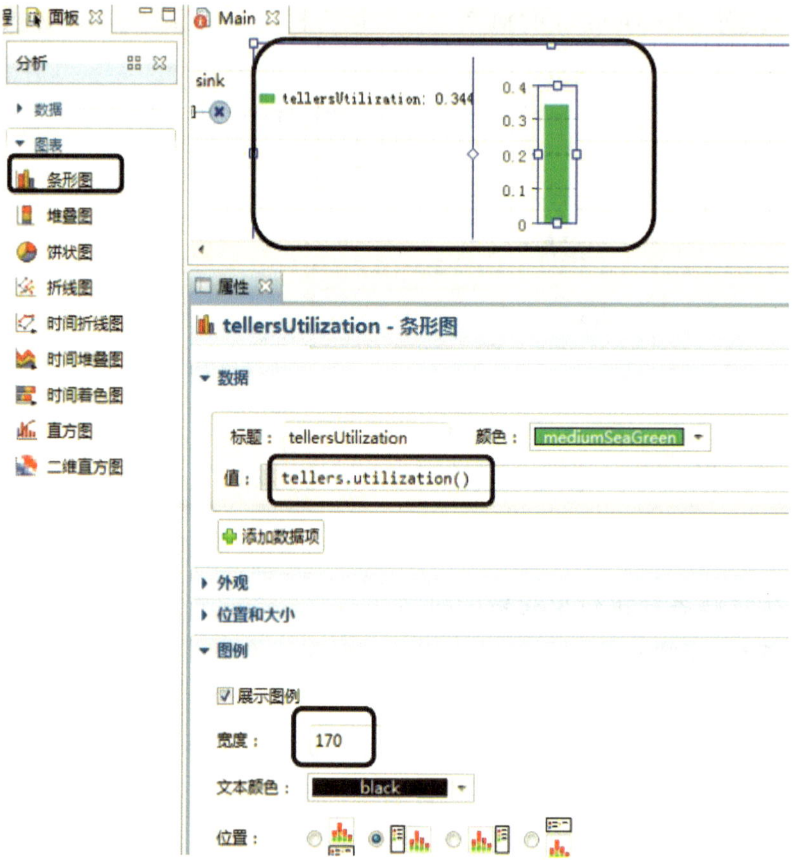

图 2-49

2.3.5.2　步骤二

利用条形图统计 ATM 机前面的平均排队长度。

(1)打开分析面板,拖动“图表”里的“条形图”到图中,设置数据的值为 queue.statsSize.mean(),设置柱条方向为朝右,并设置图例的位置,如图 2-50 和图 2-51 所示。

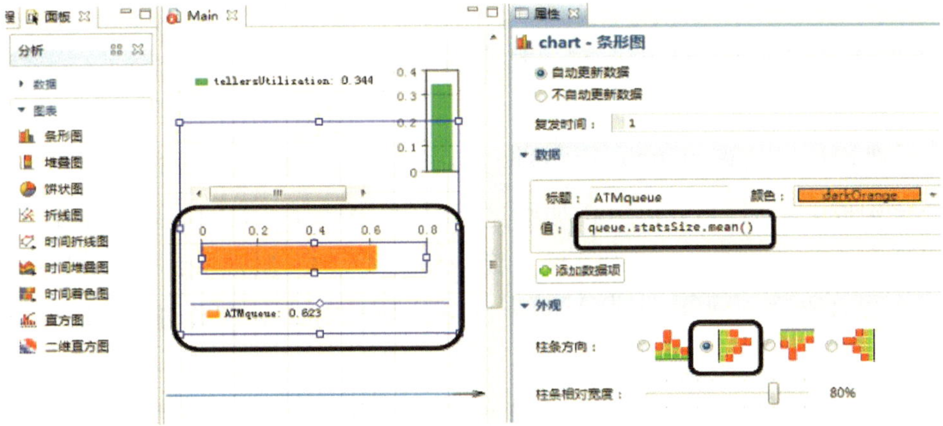
面板
Main
属性
分析
数据
图表
条形图
堆叠图
饼状图
折线图
时间折线图
时间堆叠图
时间着色图
直方图
二维直方图
tellersUtilization: 0.344
ATMqueue: 0.623
chart - 条形图
自动更新数据
不自动更新数据
复发时间：
1
数据
标题：
ATMqueue
颜色：
darkOrange
值：
queue.statsSize.mean()
添加数据项
外观
柱条方向：
柱条相对宽度：
80%

图 2-50

chart - 条形图
位置和大小
图例
展示图例
高度：
30
文本颜色：
black
位置：

图 2-51

本章小结

我们周围的世界表现是连续的,我们观察到的绝大部分过程由连续的变化构成。然而,当我们分析那些过程时,很多情况下我们需要从连续特性中抽象出一些事件来,只对系统生命中的一些重要“瞬间”和“事件”加以考虑。用这些事件来近似真实世界过程的建模方式就叫作基于离散事件建模。

银行排队模型是基于离散事件建模的典例。在建立银行排队模型过程中要注意各控件的用法,如智能体类型、Source、Sink、Delay、Queue等,以及各元素的属性,在操作过程中可通过构建模型检查错误并及时修正。本章旨在通过对银行排队模型的操练,帮助学生理解基于离散事件建模的思想和方法。

基于离散事件建模可以简化现实世界中复杂的现象,对现实世界中的事件进行仿真模拟。基于离散事件建模是以过程为中心的建模,广泛应用于商业流程、制造业、物流和医疗领域。

思考题

1.试阐述基于离散事件建模的概念和含义。

2.画出银行排队建模的操作流程图。

3.“双十一”期间是人们取快递的高峰期,请以我校“双十一”期间小食代菜鸟驿站取快递为原型,运用流程建模库创建一个取快递排队模型。

3 基于系统动力学的巴斯扩散模型

3.1 学习目标

(1)从整体上把握基于系统动力学建模的思想与原理。

(2)熟练掌握Anylogic中“系统动力学”面板的主要控件。

(3)了解巴斯扩散模型的工作原理及主要作用。

(4)学会利用分析面板中的图表进行数据的动态分析。

本章基于系统动力学对巴斯扩散模型进行模拟操作,重点在于引导学生熟悉系统动力学的工作原理及其控件的主要功能,难点在于对基于系统动力学建模思想的理解。在学习过程中,学生要注重结合数学建模的思想加深对系统动力学的理解。

3.2 系统动力学理论

3.2.1 定义

系统动力学以现实世界的存在为前提,不追求“最佳解”,而是从整体出发寻求改善系统行为的机会和途径。从技巧上说,它不是依据数学逻辑的推演而获得答案,而是依据对系统的实际观测信息建立动态的仿真模型,并通过计算机试验来获得对系统未来行为的描述。

3.2.2 基本结构

包括订单(order)流、人员(people)流、资金(money)流、设备(equipment)

流、物料（material）流与信息（information）流。

3.2.3 结构元件

包括流（flow）、积量（level）、率量（rate）和辅助变量（auxiliary）。

3.2.4 控件种类

包括存量、流量、动态变量、链接、参数、表函数、循环、影子、维度，如图3-1所示。

图3-1

3.3 巴斯扩散模型简介

3.3.1 定义

针对创新产品、技术的采用和扩散，FrankM.Bass提出的巴斯扩散模型（Bass Diffusion Model）及其扩展理论，常被用作市场分析工具，对新产品、新技术需求进行预测。许多创新经验已经显示，新方法、新概念的市场扩散过程完全可以用巴斯公式来表达。

3.3.2 主要功能

作为诸多市场工具中的一种，巴斯扩散模型的主要功能是对新开发的消费者耐用品的市场购买数量进行描述和预测。它通过对各种影响因素赋予权重，进行合理的预测分析，为企业的管理决策提供建议，降低不确定性给企业带来的风险。

3.3.3 参数

巴斯扩散模型引入三个参量预测消费市场规模：

(1)m：市场潜力，即潜在消费者总数。

(2)p：创新系数(外部影响)，即尚未使用该产品的人，受到大众传媒或其他外部因素的影响，开始使用该产品的可能性(下文主要指广告作用率)。

(3)q：模仿系数(内部影响)，即尚未使用该产品的人，受到使用者的口碑影响，开始使用该产品的可能性(下文主要指口碑作用率)。

3.4 巴斯扩散模型

3.4.1 阶段一：广告作用率

假设一家公司在某个有固定人口的地方开始销售某产品；该市场总人数为10000，且不会随时间改变；消费者受广告效应及其他人言论的影响；这种产品生命周期无限长，无需替代品和重复购买；每个消费者只需要一种产品，且所有人的行为方式完全相同。下面是一些已知条件：

(1)市场的大小是10000人。

(2)在每个时间单元，有1.5%的潜在消费者由于受广告效应影响转化为消费者。

(3)在每个时间单元，每个消费者联系其他100个人。

(4)如果一个消费者联系了潜在消费者，潜在消费者有1.1%的可能性购买本产品。

(5)广告在所有时间进行，在每个时间单元，它将潜在采纳广告效果的消费者转化为消费者。

(6)广告效果=0.015。

3.4.1.1　步骤一

(1)点击菜单栏中的“文件”选项卡，选择“新建”下拉菜单中的“模型”，将模型名改为“巴斯扩散模型”，单击“完成”，如图3-2和图3-3所示。

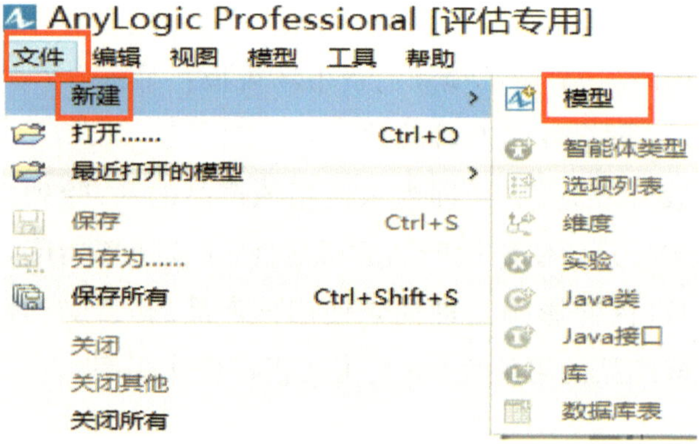

图3-2

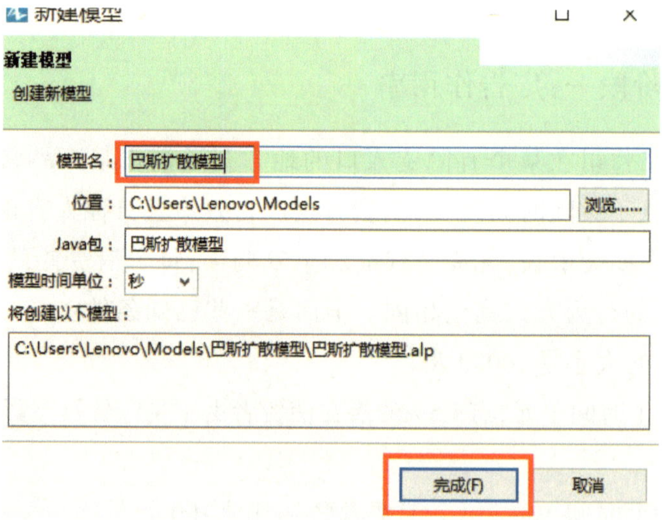

图3-3

(2)打开系统动力学面板，拖入两个“存量”，分别命名为“潜在消费者”和“消费者”，如图3-4所示。

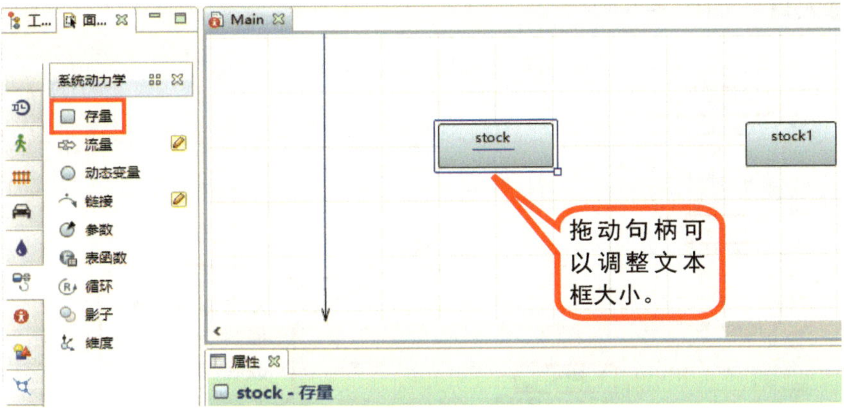

图3-4

3.4.1.2　步骤二

打开系统动力学面板，拖入“流量”，箭头由“潜在消费者”指向“消费者”，如图3-5所示。

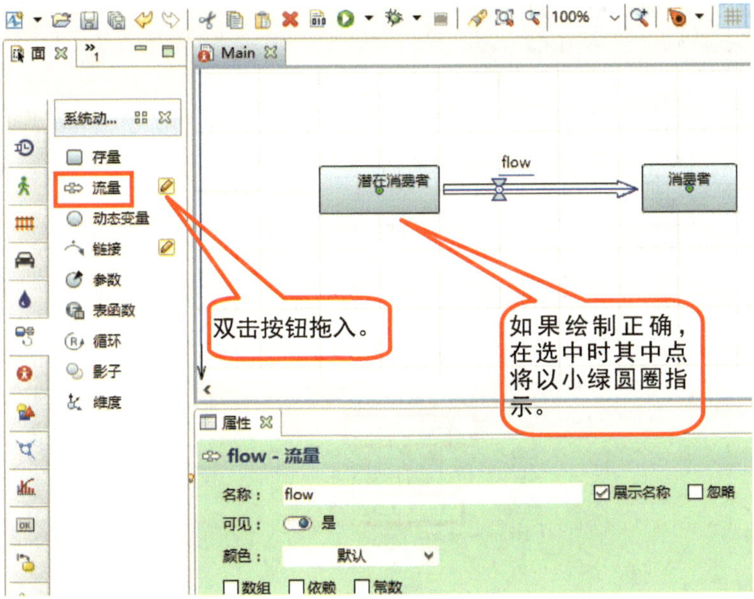

图3-5

3.4.1.3　步骤三

（1）打开系统动力学面板，拖入两个“参数”，分别命名为“广告作用率”和“总人口”，如图3-6所示。

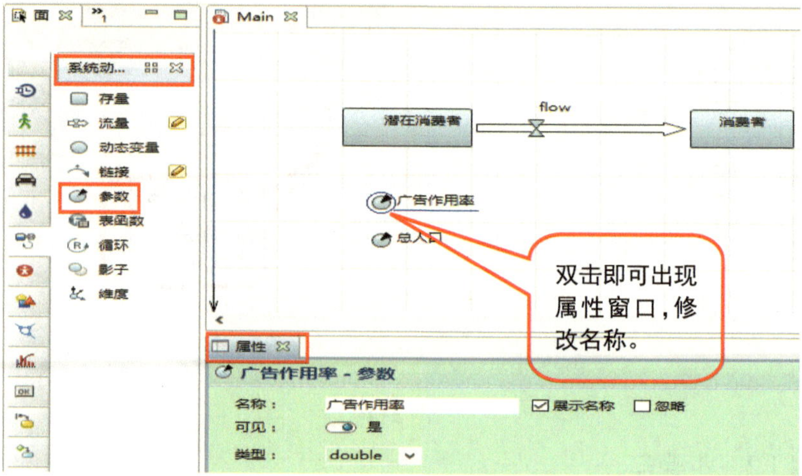

图3-6

（2）将“广告作用率”的默认值改为“0.015”，如图3-7所示；将“总人口”的默认值改为“10000”，如图3-8所示。

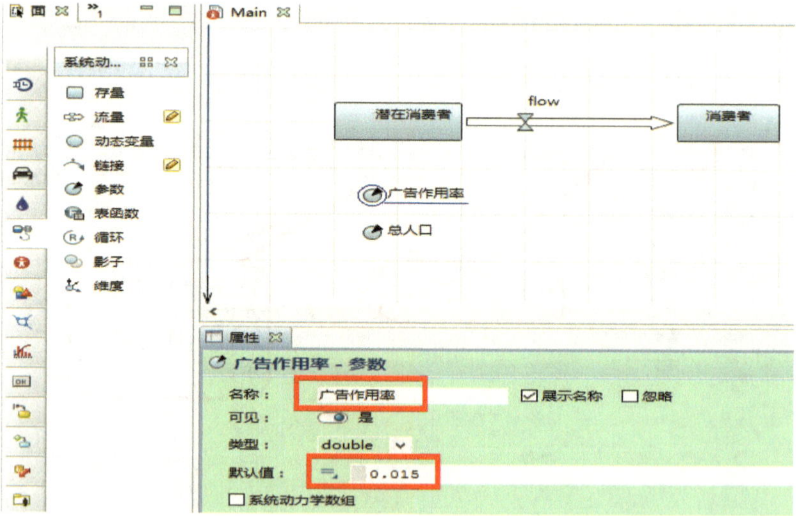

图3-7

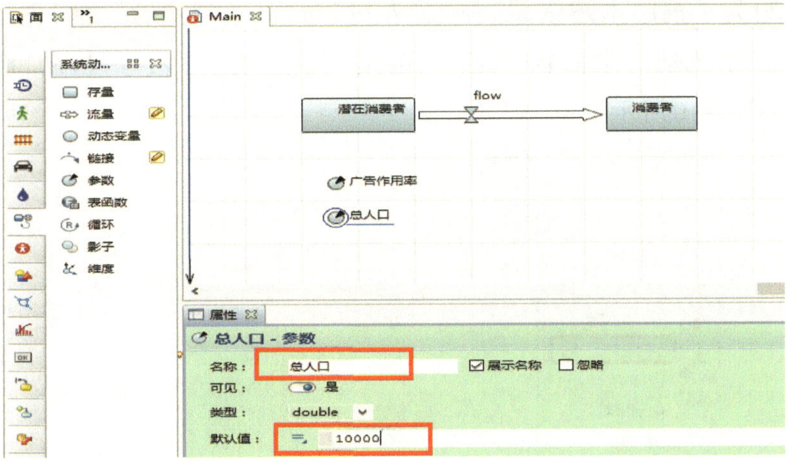

图 3-8

3.4.1.4 步骤四

(1)单击选中“潜在消费者”,将其初始值改为“总人口”,如图 3-9 所示。

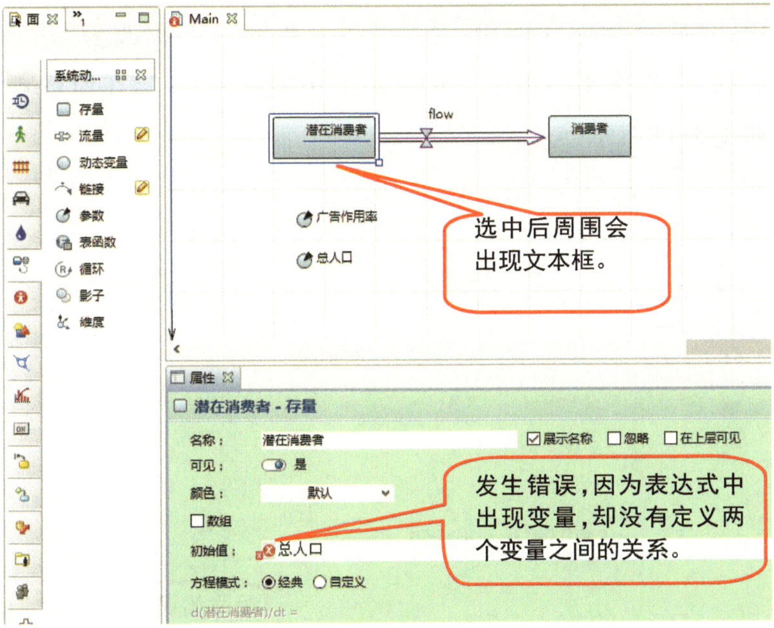

图 3-9

(2)为了消除上述错误，在“总人口”与“潜在消费者”之间创建一个链接，即在系统动力学面板中拖入“链接”，箭头由“总人口”指向“潜在消费者”，如图 3-10 所示。

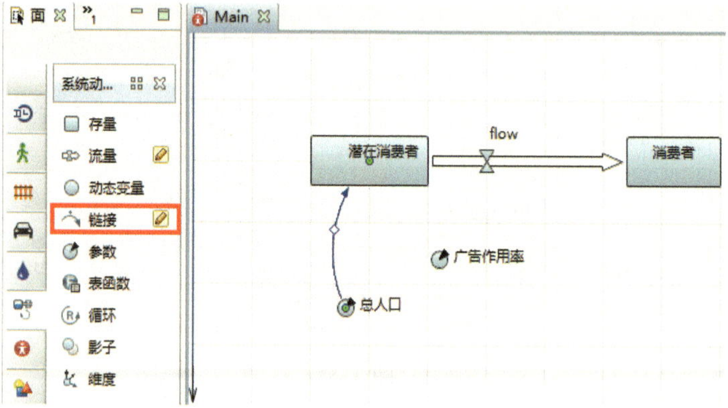

图 3-10

3.4.1.5　步骤五

(1)打开系统动力学面板，拖入“动态变量”，名称改为“广告作用人数”，然后在“广告作用人数=”下的文本框中输入公式“潜在消费者*广告作用率”，如图 3-11 所示。

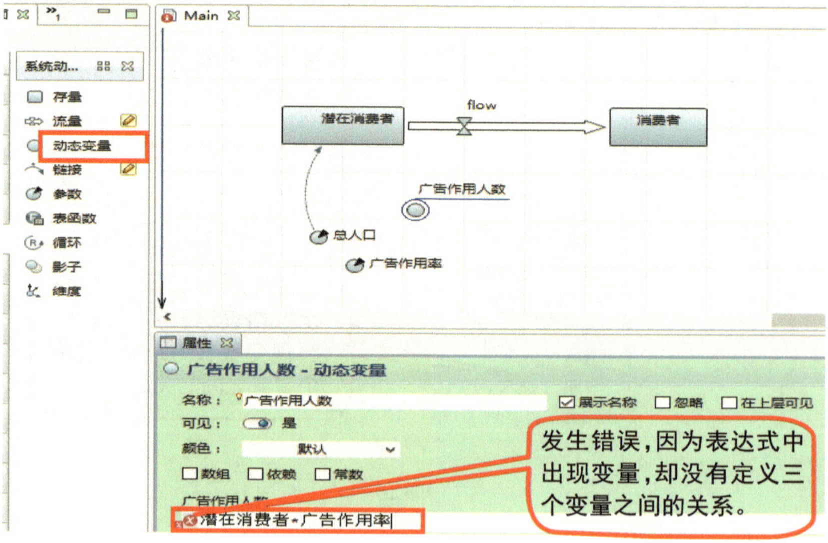

图 3-11

(2)为了消除上述错误,要创建链接,点击文字前方的叉号,会出现“从潜在消费者创建链接”和“从广告作用率创建链接”,分别选中它们之后错误消失,如图3-12所示。

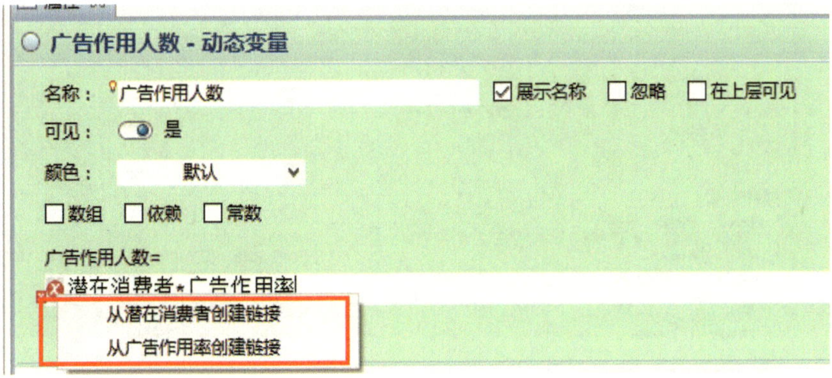

图3-12

3.4.1.6　步骤六

(1)从“广告作用人数”向“flow”创建链接(参照步骤四),如图3-13所示。

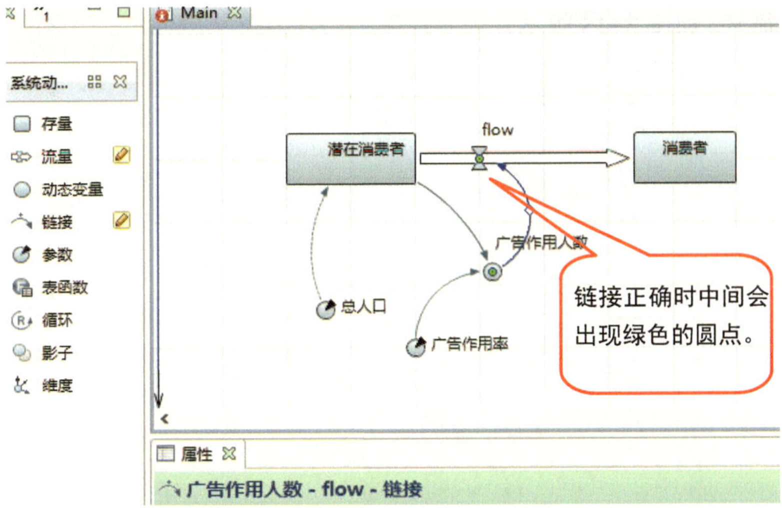

图3-13

（2）选中“flow”，在“flow=”下的文本框中输入“广告作用人数”（同步骤五，也可以先完成第一步，再完成第二步），如图 3-14 所示。

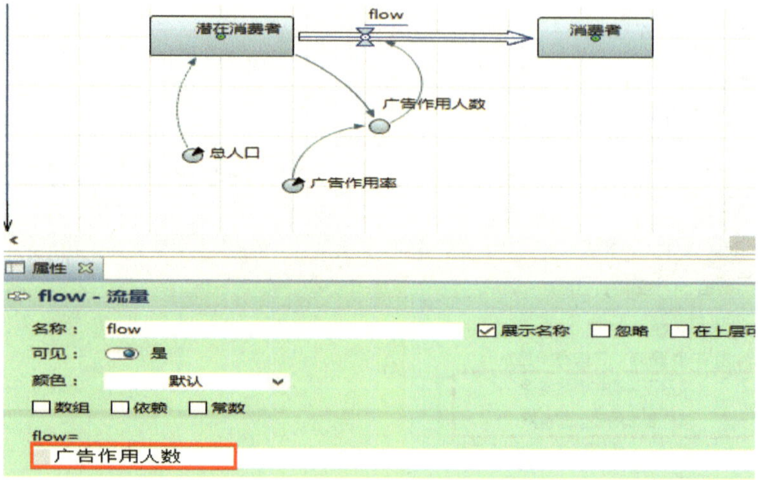

图 3-14

3.4.1.7　步骤七

（1）打开系统动力学面板，拖入“循环”，用来表示由市场饱和造成的平衡因果循环，如图 3-15 所示。

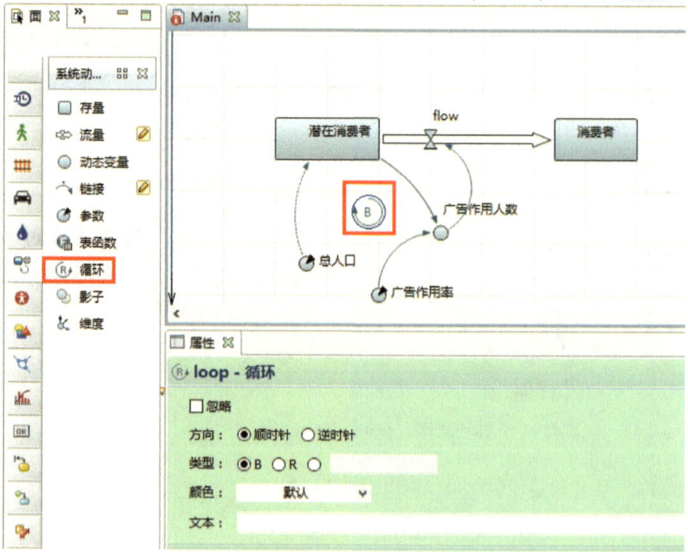

图 3-15

（2）尝试运行模型，检查是否出错，如图 3–16 所示。

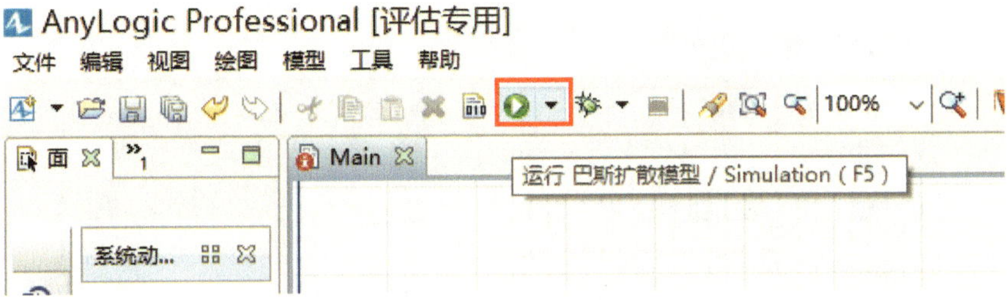

图 3–16

3.4.2 阶段二：口碑作用率

（1）假设每个人都能与其他人联系，当产品消费者联系一个潜在消费者时，后者将以概率采纳比例来采纳产品，由此产生口碑效应。口碑作用人数的计算公式如下：

口碑作用人数=消费者×接触人数×销售率×（潜在消费者/总人数）

（2）参数值：接触人数=100，销售率=0.011。

3.4.2.1 步骤一

（1）添加两个参数（方法同上），分别命名为“接触人数”和“销售率”，如图 3–17 所示。将“接触人数”的默认值改为 100，如图 3–18 所示；将“销售率”的默认值改为 0.011，如图 3–19 所示。

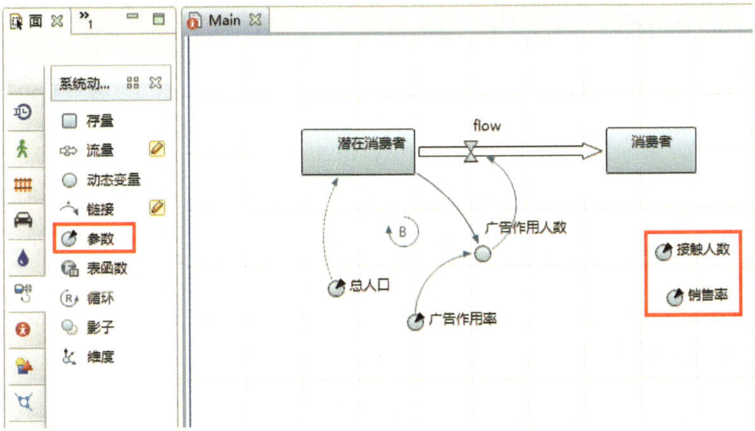

图 3–17

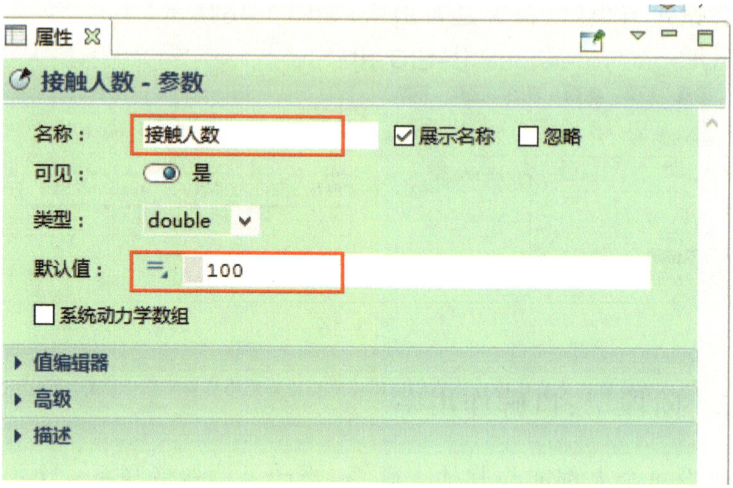

图 3-18

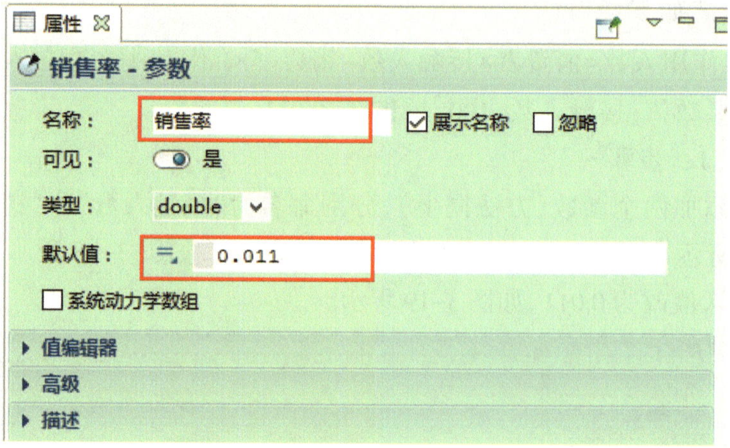

图 3-19

（2）打开系统动力学面板，拖入“动态变量”，并命名为“口碑作用人数”，然后在“口碑作用人数=”下的文本框中输入公式“消费者*接触人数*销售率* 潜在消费者/总人口”（由于变量之间没有链接，所以同样会出现上述错误，可用同样方法将其消除），如图 3-20 所示。

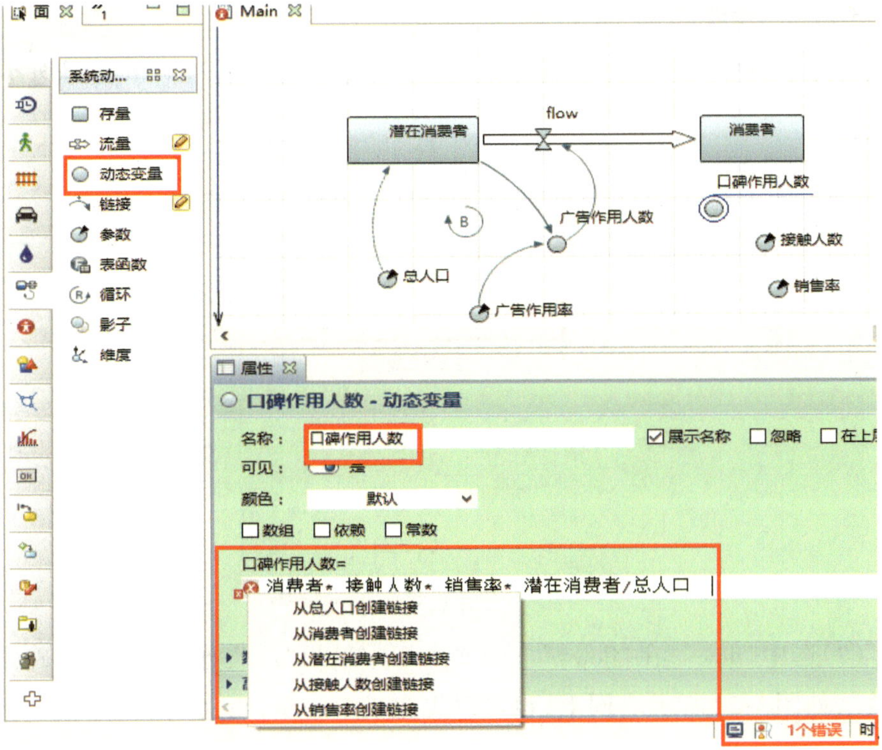

图 3-20

（3）同样，添加一个“循环”（方法同上），如图 3-21 所示。

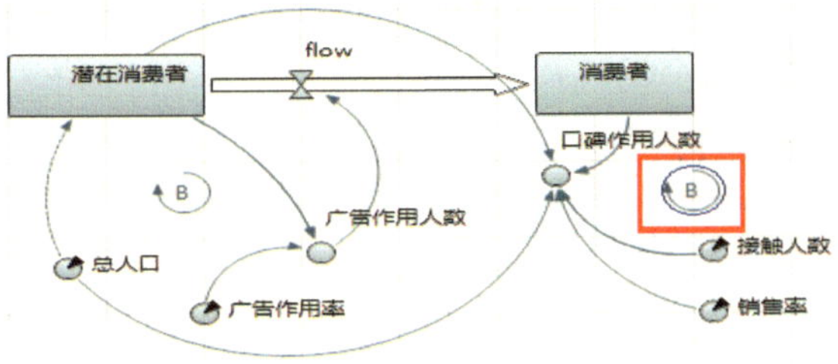

图 3-21

3.4.2.2　步骤二

(1)从“口碑作用人数”向“flow”创建链接(做法同上),如图3-22所示。

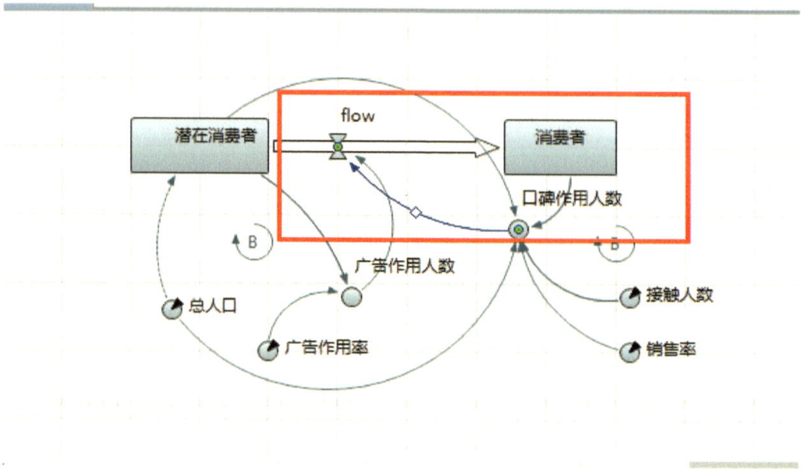

图3-22

(2)选中“flow”,在“flow=”下的文本框中输入“广告作用人数+口碑作用人数”,如图3-23所示。(同上,也可以先完成第一步,再完成第二步。)

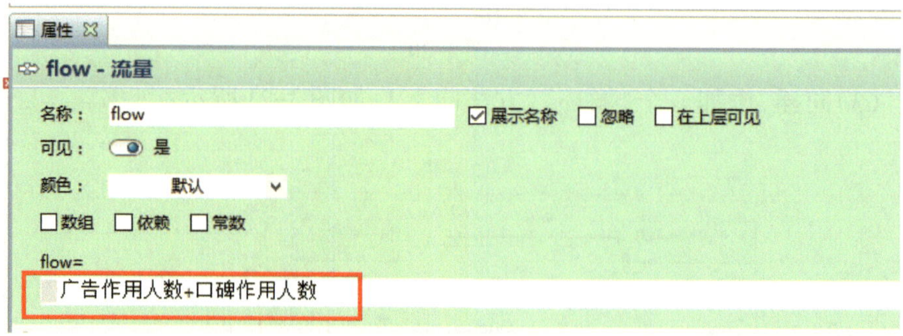

图3-23

3.4.2.3　步骤三

(1)添加时间折线图,显示潜在消费者和消费者人数随时间的变化规律。单击面板中的“分析”选项卡,在下拉菜单中选择“时间折线图”,将其拖入“Main”中,如图3-24所示。

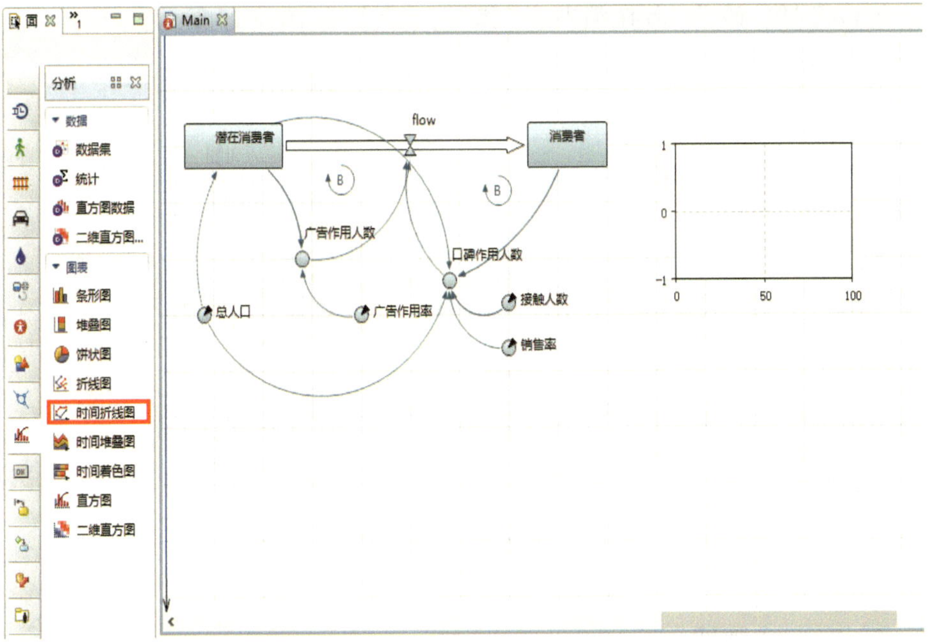

图 3–24

（2）选中“时间折线图”，在“属性”选项卡下的“数据”中添加数据，如图3–25所示。

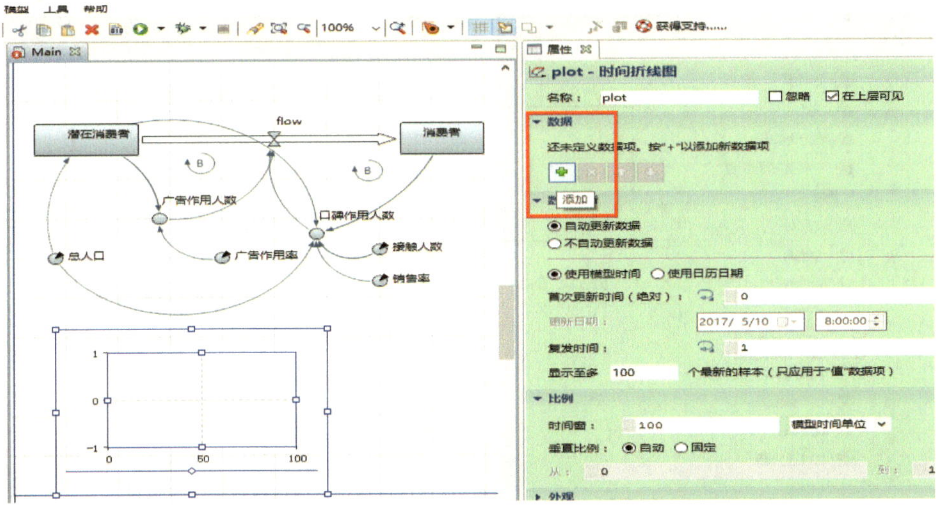

图 3–25

（3）将“值”改为“潜在消费者”和“消费者”，如图 3-26 所示。

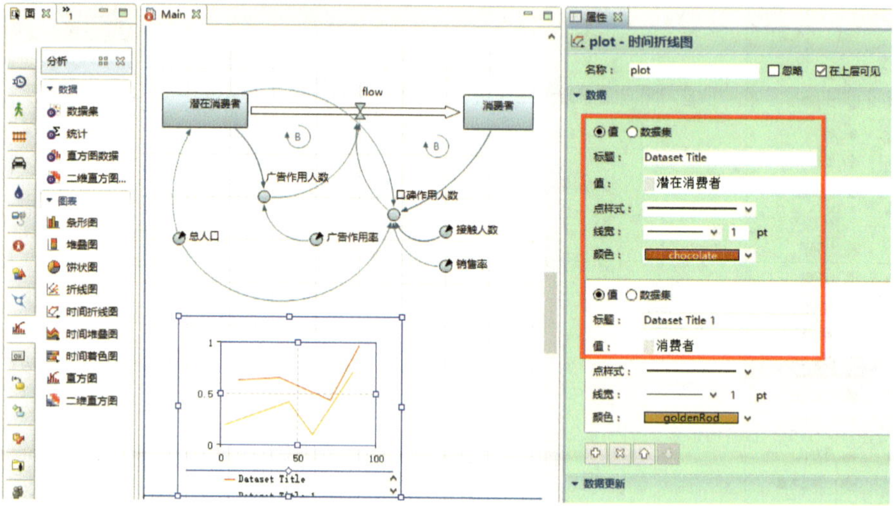

图 3-26

3.4.2.4 步骤四

（1）再添加一个时间折线图，显示广告和口碑影响人数随时间的变化规律（方法同上），如图 3-27 所示。

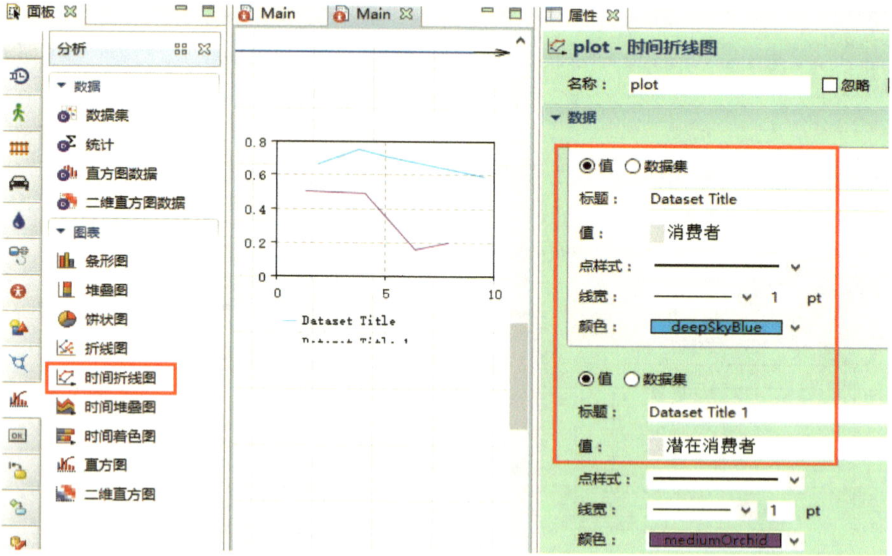

图 3-27

3.4.3 阶段三

运行模型，如图 3-28 所示。

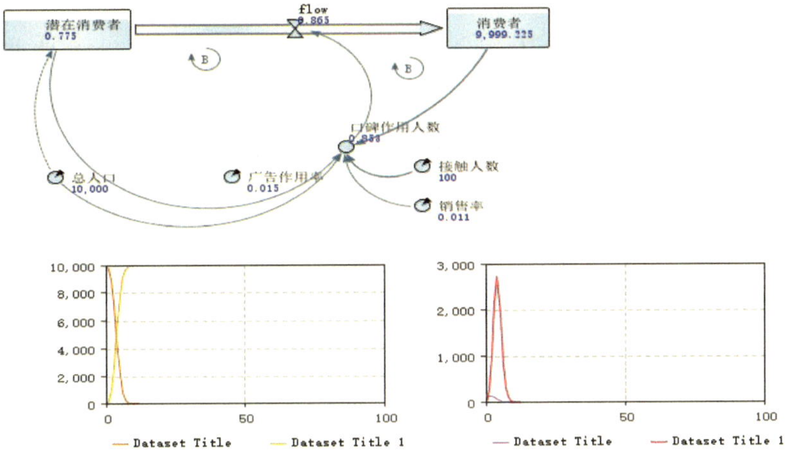

图 3-28

本章小结

本章通过 Anylogic 中的系统动力学板块模仿巴斯扩散模型，在前期数据搜集与处理的基础上，利用 Anylogic 中的系统动力学面板对现实世界中的广告作用率、口碑作用率等因素对潜在消费者的影响进行动态模拟，发现二者对潜在消费者的影响效果。本章旨在通过利用存量、流量、动态变量、参数等控件进行模拟操作，让学生熟悉系统动力学的操作环境，并在上一章的基础上加深学生对 Anylogic 建模思想和过程的理解。同时，通过时间折线图可以发现市场的变化趋势，为企业的经营决策提供理论建议。

思考题

1. 简述系统动力学中包含的主要控件及其功能。

2. 尝试在上述模型的基础上加入“政策引导”因素对潜在消费者的影响，具体参数值自行设置。

3. 画出系统动力学建模的操作流程图。

4　基于智能体的巴斯扩散模型

4.1　学习目标

(1)熟悉智能体面板中主要控件的作用及使用原理。

(2)学会利用智能体面板搭建模型的逻辑结构图。

(3)学会分析基于智能体与系统动力学建模的异同点。

本章通过Anylogic中的智能体面板创建巴斯扩散模型,重点在于帮助学生掌握智能体建模的思想及操作步骤,为“物流与供应链管理”模型的创建打下基础;难点在于智能体创建的步骤比较烦琐,对参数指标的填写要求比较严格。

4.2　智能体的创建

4.2.1　步骤一:创建模型

点击菜单栏中的“文件”选项卡,选择“新建”下的“模型”,将模型名称改为“巴斯扩散2”,单击“完成”,如图4-1和图4-2所示。

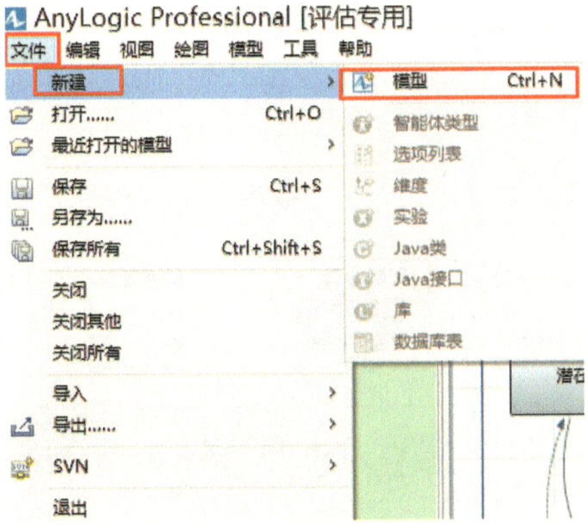

图4-1

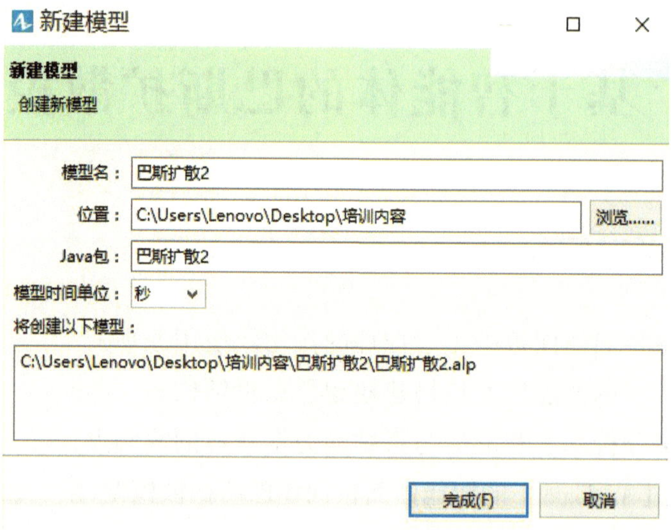

图 4-2

4.2.2　步骤二：创建智能体

（1）在面板中选择“智能体”选项卡，将下拉菜单中的“智能体”拖入“Main”中，然后选择创建“智能体群”，如图 4-3 所示。

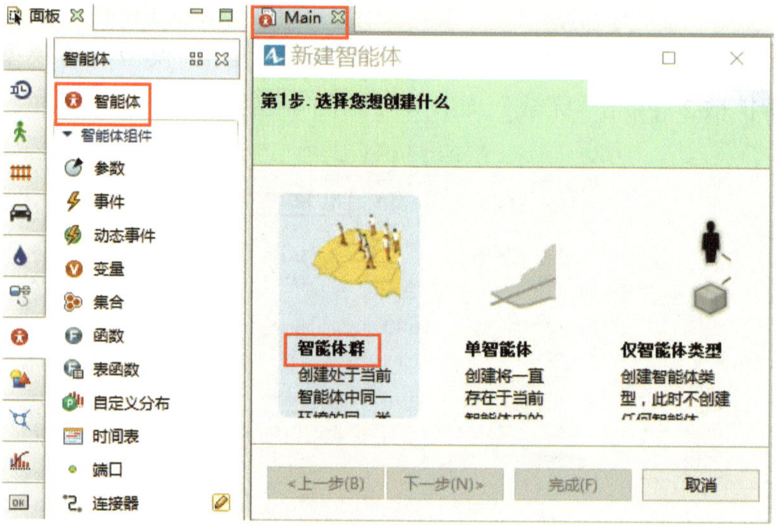

图 4-3

(2)将新类型名改为“person”,单击“下一步”,如图 4-4 所示。

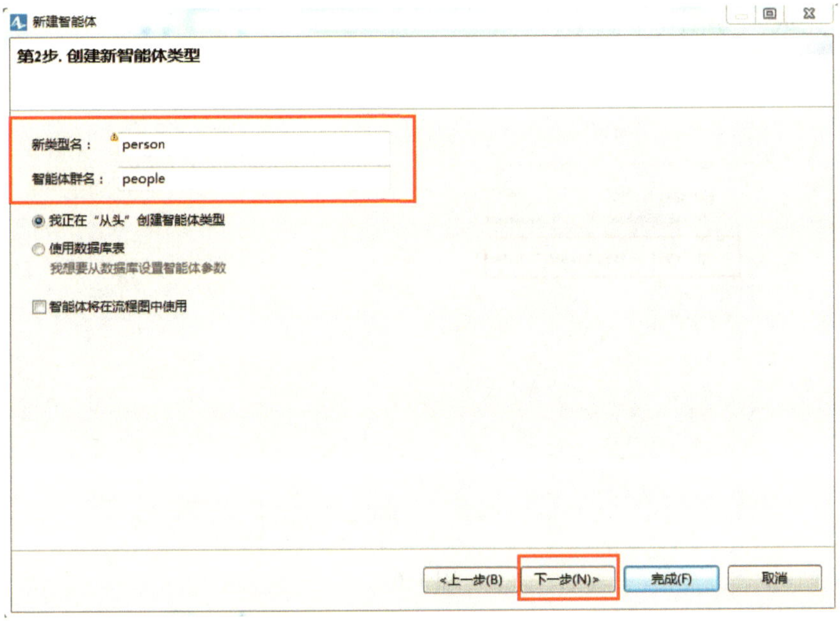

图 4-4

(3)在选择动画中选择“无”,单击“下一步”,如图 4-5 所示。

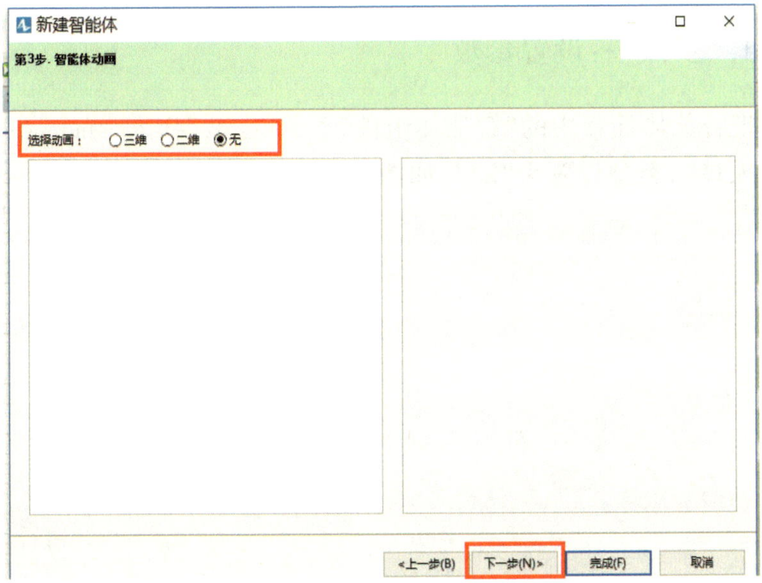

图 4-5

(4)连续单击两次“下一步”,在“第 5 步. 群大小”中选择第二个选择卡,单击“完成”,如图 4-6 所示。

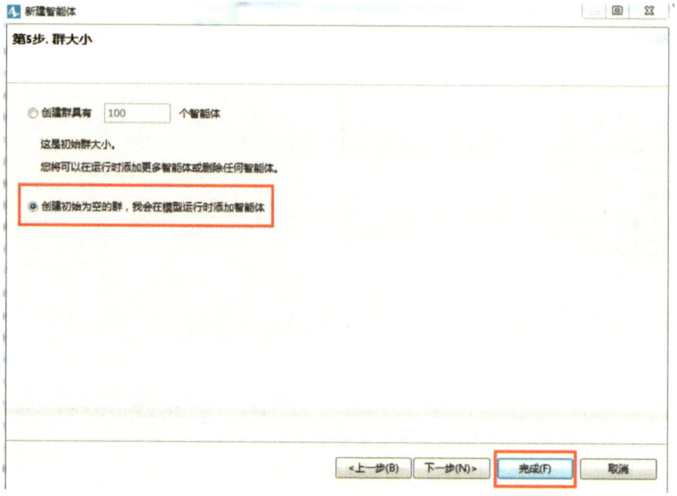

图 4-6

4.3 参数模拟

4.3.1 步骤一:设置参数

(1)把智能体面板中的“智能体组件”下的“参数”拖入“Main”中,将名称改为“总人口”,类型设置为“int”,如图 4-7 所示。

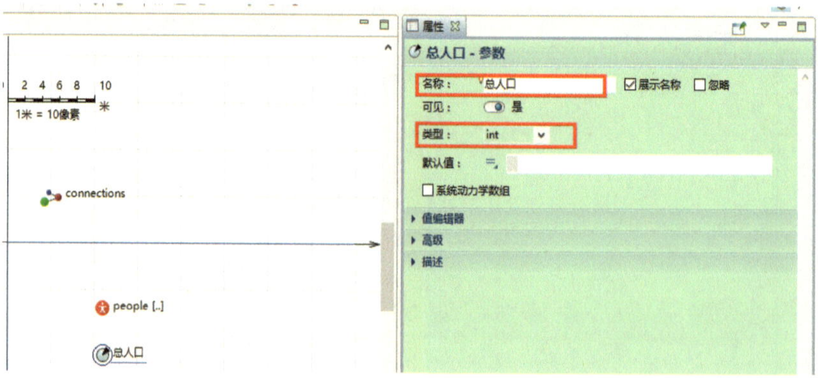

图 4-7

(2)拖入一个参数,并命名为“广告作用率”,类型为“速率”,单位为“每天”,默认值为0.017,如图4-8所示。

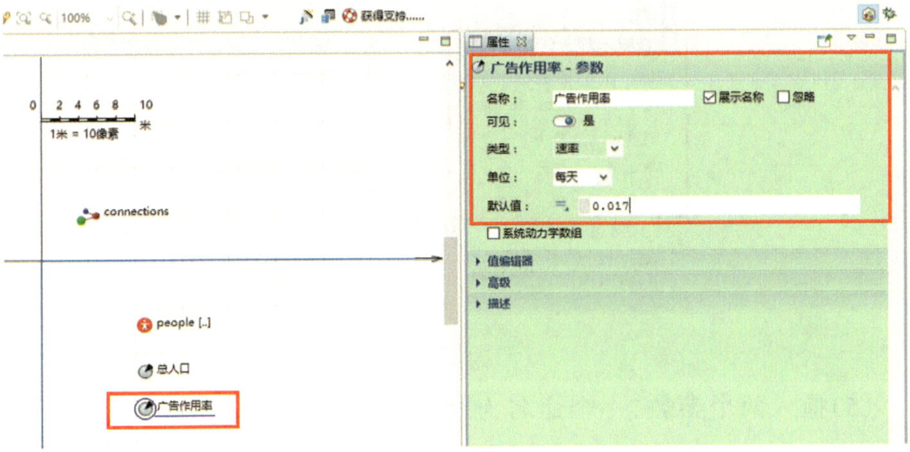

图4-8

(3)拖入一个参数,并命名为“口碑作用率”,类型为“double”,默认值为0.015,如图4-9所示。

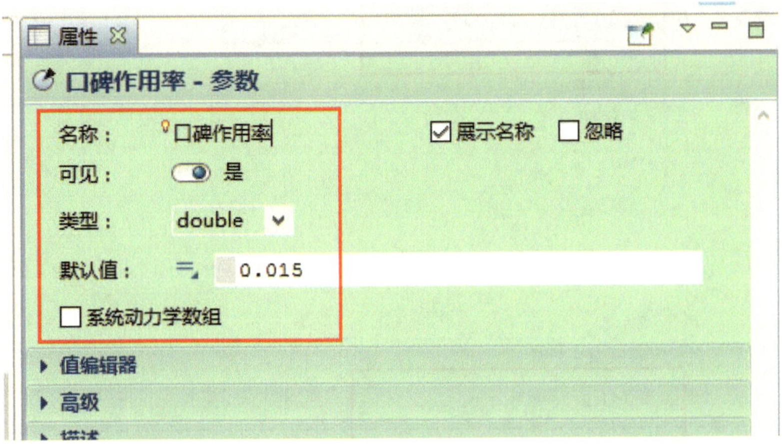

图4-9

(4)拖入一个参数,并命名为“接触人数”,类型为“速率”,单位为“每天”,默认值为100,如图4-10所示。

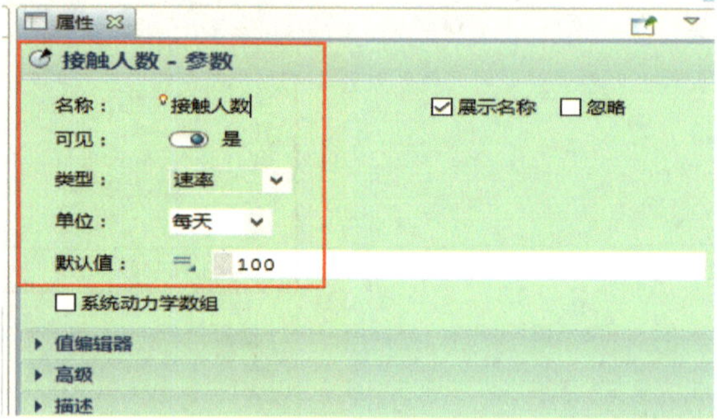

图4-10

(5)拖入两个参数,一个命名为“潜在消费者”,如图4-11所示;一个命名为“消费者”,如图4-12所示,其类型都为“int”,默认值都为空。

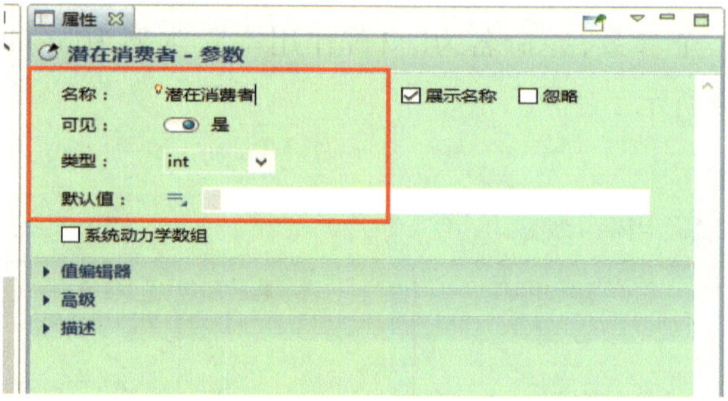

图4-11

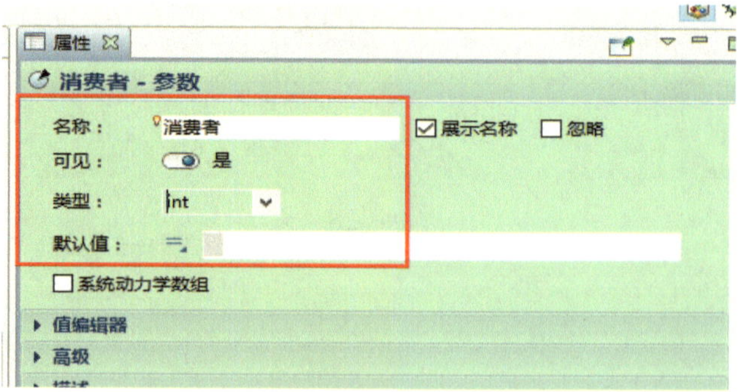

图4-12

4.3.2 步骤二：搭建智能体

（1）在“工程”选项卡下，双击“person”进入到页面中，如图4–13所示。

（2）单击面板中的“智能体”，把“智能体”选项卡下“状态图”中的“状态图进入点”和“状态”拖入“person”页面中，如图4–14所示。

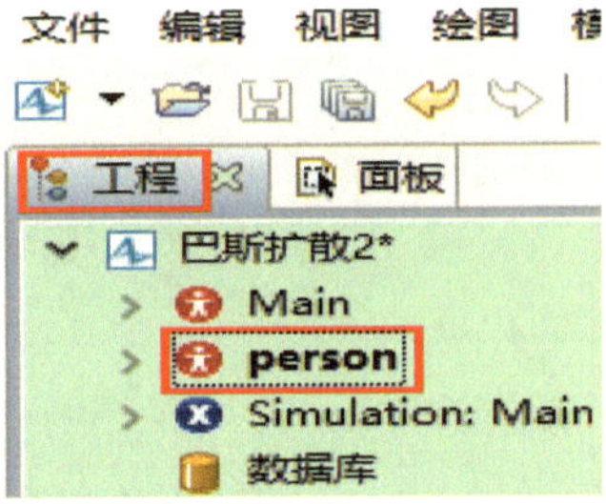

图4–13

图4–14

（3）将“状态”放在“状态图进入点”之后，在其“属性”中将名称改为“潜在消费者”，在其“进入行动”后键入代码“main. 潜在消费者++”；在其“离开行动”后键入代码“main. 潜在消费者--”，如图4–15所示。

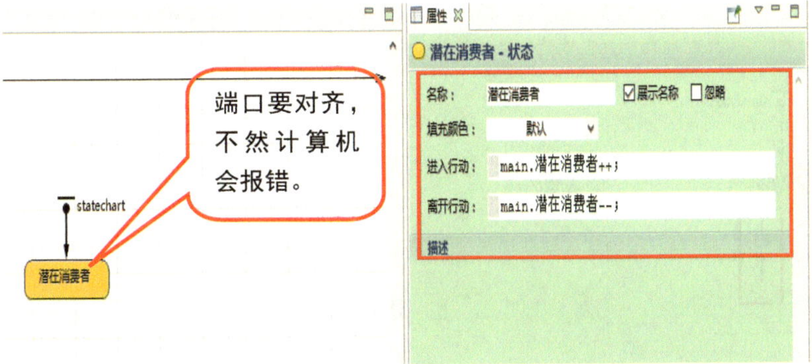

图4–15

（4）在此状态后加入一条“变迁”，将名称改为“广告”，触发类型为“速率”，速率为“main.广告作用率”，单位为“每天”，如图 4-16 所示。

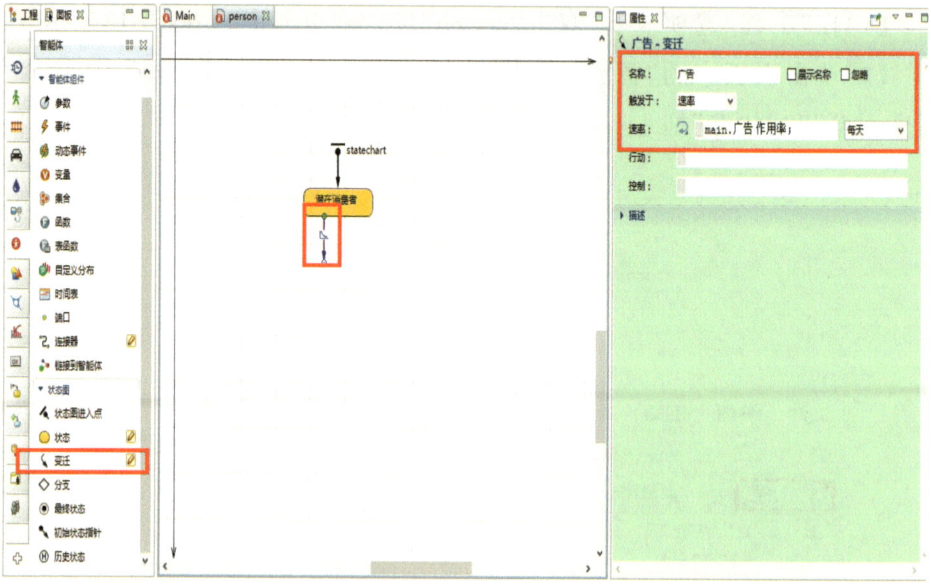

图 4-16

（5）拖入一个“变迁”，将名称改为“口碑”，触发类型为“消息”，触发变迁为“特定消息时”，消息为“Buy！”，如图 4-17 所示。

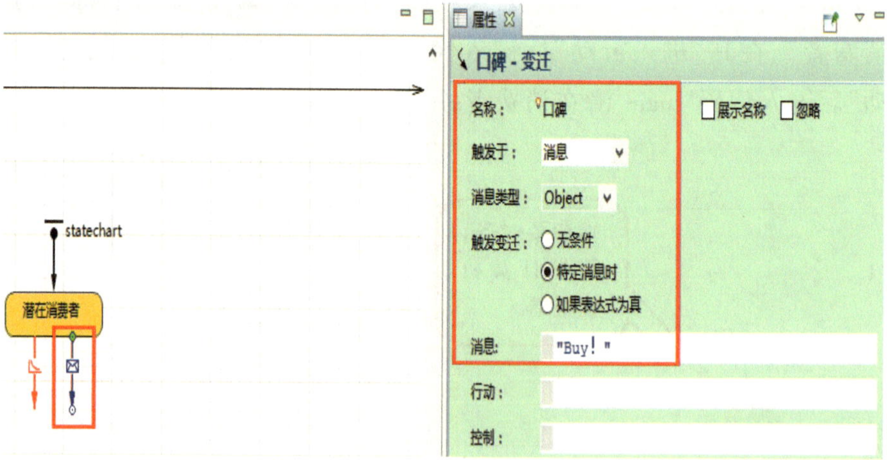

图 4-17

（6）在这两个链接后加一个状态，将名称改为“消费者”，在其“进入行动”后键入代码“main.消费者++”；在其“离开行动”后键入代码“main.消费者--”，如图4-18所示。

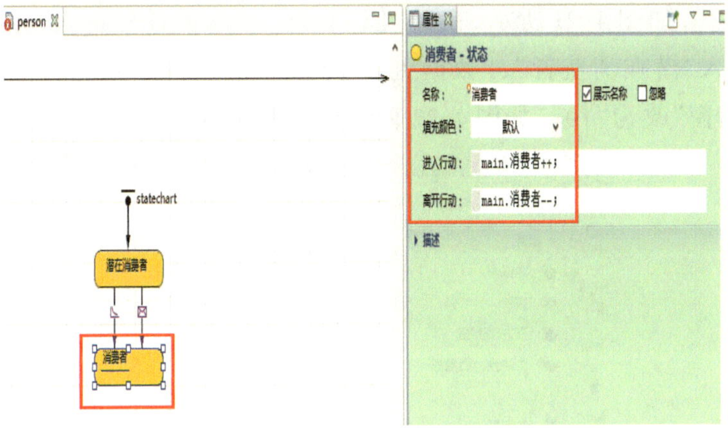

图4-18

（7）在消费者这个状态内部画一条“变迁”，其触发类型为“速率”，单位为“每天”，速率为“main.口碑作用率*main.接触人数”，在“行动”后键入代码“deliver("Buy!",RANDOM)”，如图4-19所示。

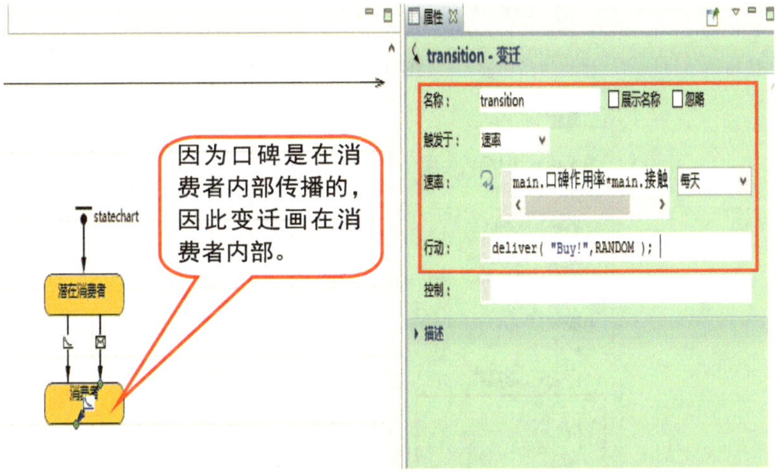

图4-19

4.3.3　步骤三：设立时间折线图

在“Main”中拖入一个“时间折线图”，如图 4–20 所示；点击“属性”下“数据”里的“+”，如图 4–21 所示，在其“值”后键入“消费者”，再点击“+”，在其“值”后键入“潜在消费者”，“数据更新”下的“复发时间”改为“0.1”，“比例”下的“时间窗”改为“10”，如图 4–22 和图 4–23 所示。

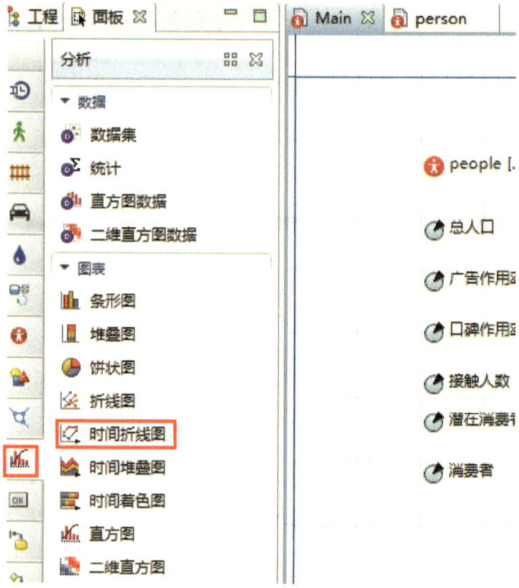

图 4–20

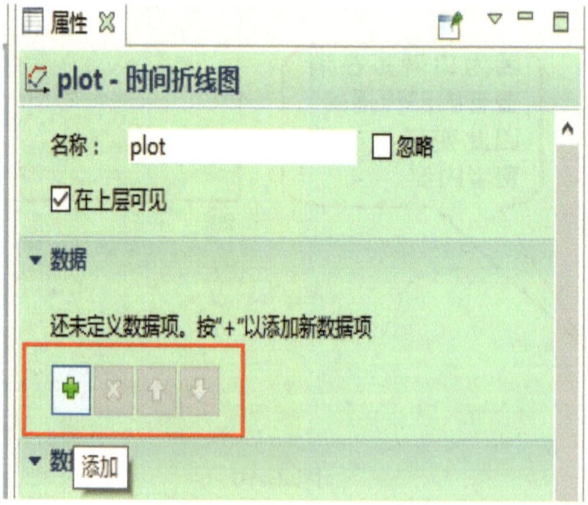

图 4–21

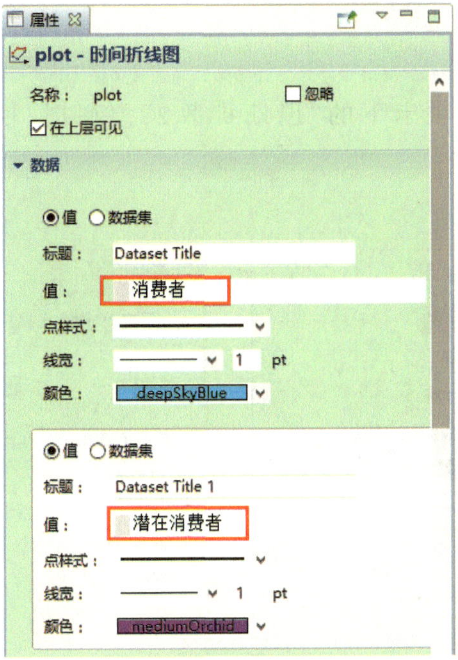
属性
plot - 时间折线图
名称： plot
忽略
在上层可见
数据
值 数据集
标题： Dataset Title
值： 消费者
点样式：
线宽： 1 pt
颜色： deepSkyBlue
值 数据集
标题： Dataset Title 1
值： 潜在消费者
点样式：
线宽： 1 pt
颜色： mediumOrchid

图 4-22

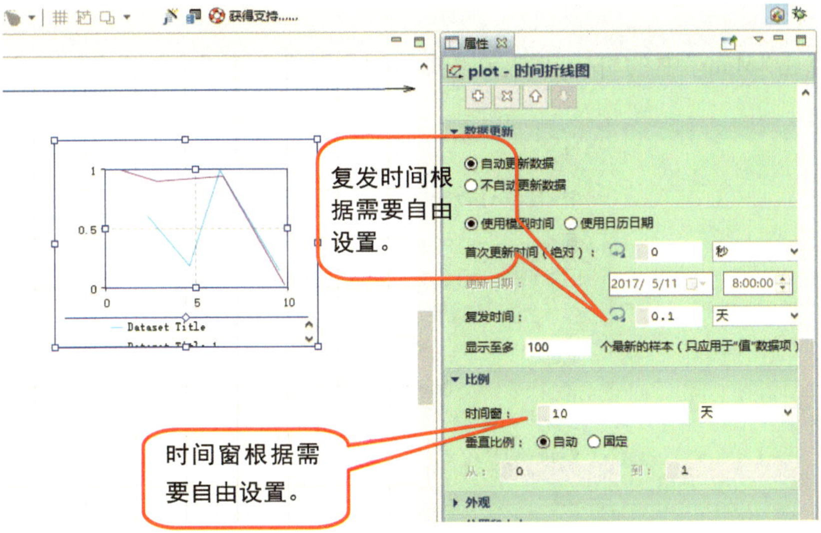
获得支持......
属性
plot - 时间折线图
数据更新
自动更新数据
不自动更新数据
使用模型时间 使用日历日期
首次更新时间（绝对）： 0 秒
2017/ 5/11 8:00:00
复发时间： 0.1 天
显示至多 100 个最新的样本（只应用于"值"数据项）
比例
时间窗： 10 天
垂直比例： 自动 固定
从： 0 到： 1
外观
复发时间根据需要自由设置。
时间窗根据需要自由设置。
Dataset Title

图 4-23

4.3.4　步骤四

点击“工程”选项卡下的“巴斯扩散 2”模型把“模型时间单位”改为“天”，如图 4-24 所示。

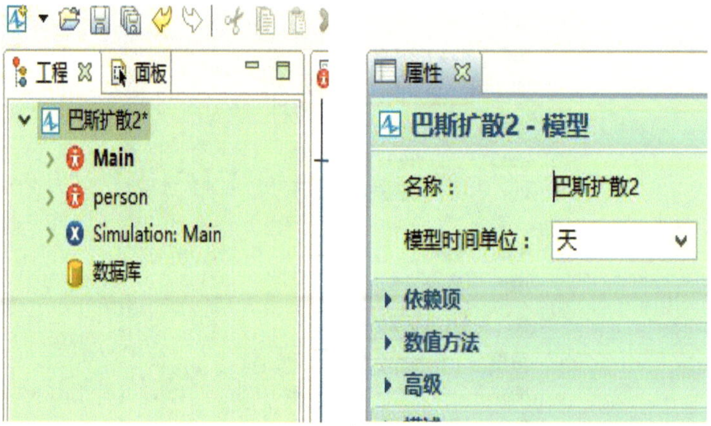

图 4-24

4.3.5　步骤五

点击“Main”中的“people”，在“初始智能体数”后键入“总人口”，如图 4-25 所示。

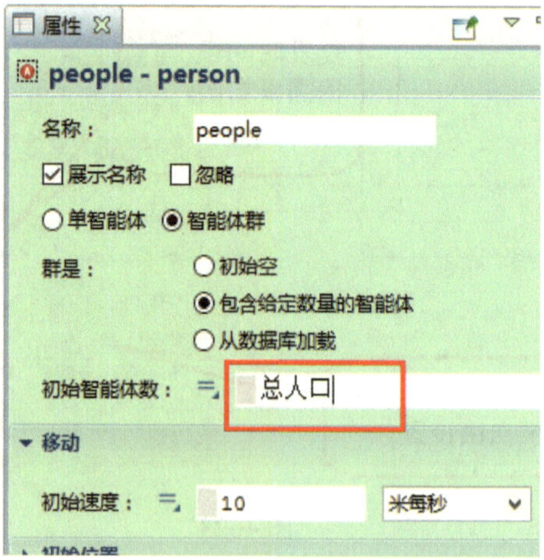

图 4-25

4.3.6 步骤六：设计“simulation”页面

（1）双击“工程”选项卡下的“simulation：Main”，在其页面中拖入一个“变量”，并命名为“总人口”，类型为“int”，如图4-26和图4-27所示。

图4-26

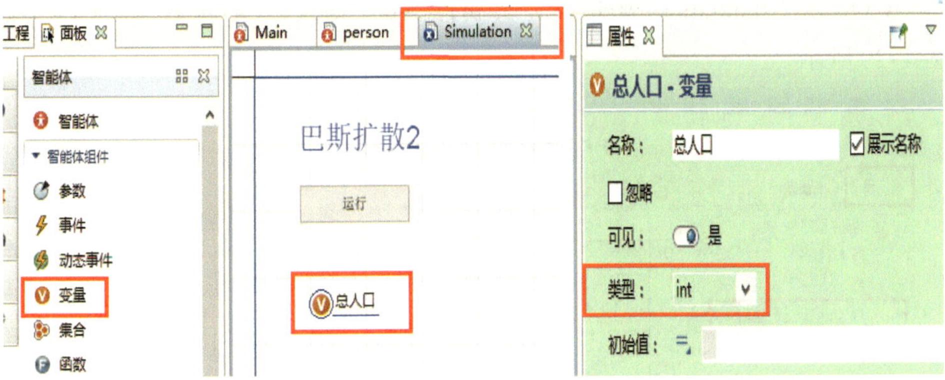

图4-27

（2）拖入一个“滑块”到这个页面中，点击滑块属性下的“链接到”，选中“总人口”，“最小值”为0，“最大值”为10000，如图4-28所示。

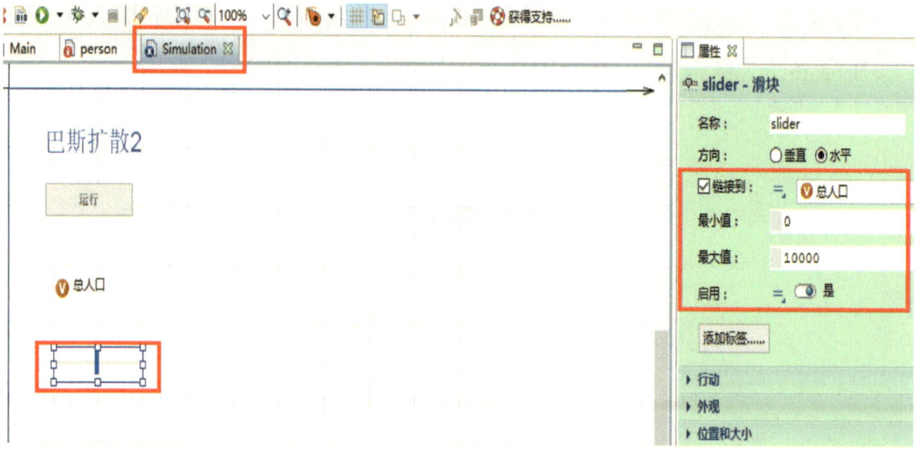

图4-28

（3）单击“simulation：Main”，在其属性下的“总人口”后键入“总人口”，如图4-29所示。

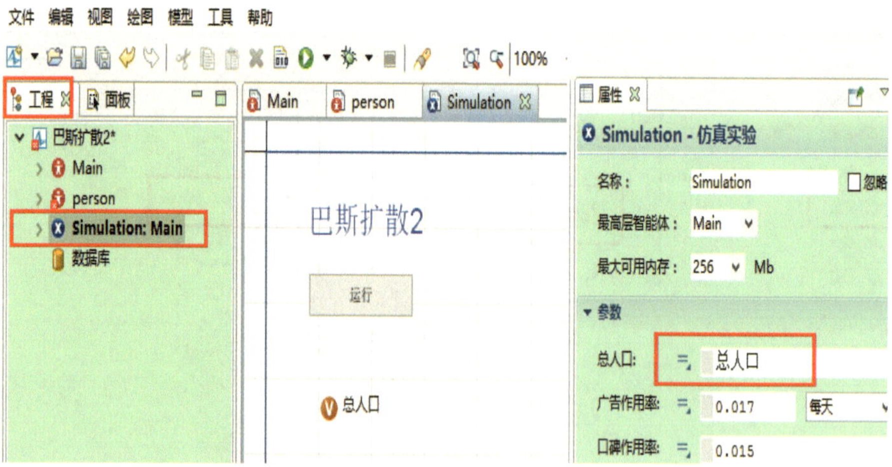

图4-29

4.3.7 步骤七:运行模型

在运行模型之前,用滑块调节总人口数量,然后点击“运行”按钮,如图4-30和图4-31所示。

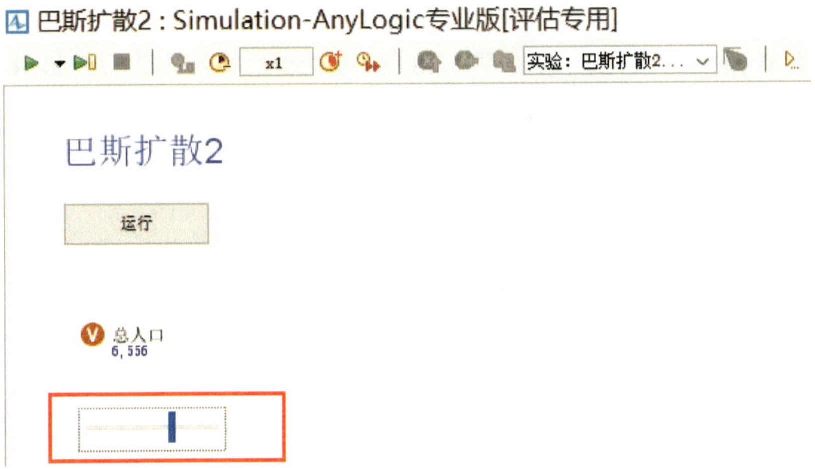

图 4-30

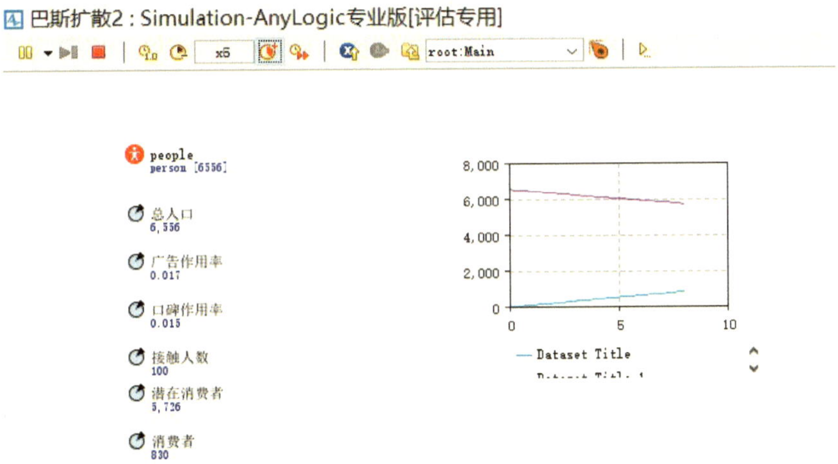

图 4-31

本章小结

本章利用Anylogic中的智能体板块模仿巴斯扩散模型，通过对一些客观数据的分析与处理，发现现实市场环境下口碑作用率、广告作用率等影响潜在消费者向消费者过渡的程度。相对于系统动力学对巴斯扩散模型的模拟，智能体的模拟更具灵活性，对市场中的总人口等指标可以实现动态控制，摆脱了系统动力学在模仿巴斯扩散模型时市场环境固定不变的情况。

思考题

1.分析基于系统动力学建模与基于智能体建模的异同点。

2.利用智能体创建一个“流行病扩散模型”，参数包括：自然扩散率、人为扩散率。假设总人口为20000，自然扩散率为11%，人为扩散率为1%，接触人数为50。

5 人群疏散模型

5.1 学习目标

(1)把握“行人库”建模的主要思想及整体框架。

(2)熟悉“行人库”面板中主要控件的作用。

(3)能够利用“行人库”构建实物流程图。

本章主要内容是利用“行人库”构建人群疏散模型,重点在于掌握“行人库”建模的流程思想及主要控件的功能,难点在于理解“行人库”建模对现实情况的模拟操作。在学习过程中,学生要结合自身已有的建模思想深化对“行人库”的理解。

此模型主要针对公共场所发生的一些紧急情况下人群紧急疏散的过程。

5.2 普通情况疏散模拟

5.2.1 步骤一

新建一个模型,并命名为“人群疏散”,点击“完成”,如图 5-1 所示。

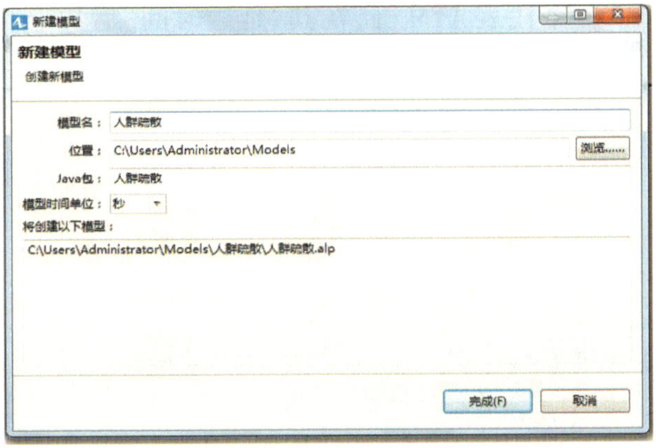

图 5-1

5.2.2 步骤二

拖入一个“面板”下“行人库”中的“Ped Source”，并命名“pedSource”。在“pedSource”后接入一个“Ped Select Output”，并命名“pedSelectOutput”，将“pedSelectOutput”属性里的概率2、3、4的值改为0，如图5-2所示。

图5-2

5.2.3 步骤三

在“pedSelectOutput”概率的第一个口和第五个口的后面分别连接一个“pedService”，其中一个代表ATM机，在其“延迟时间”后加上“*3”；另一个代表柜台服务，在其“延迟时间”后加上“*10”，如图5-3、图5-4和图5-5所示。

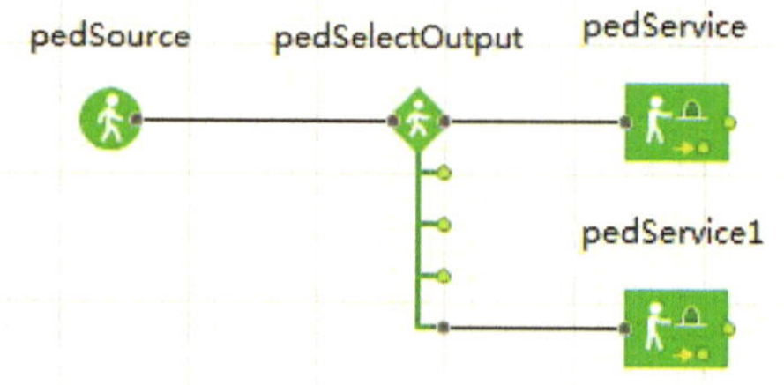

图5-3

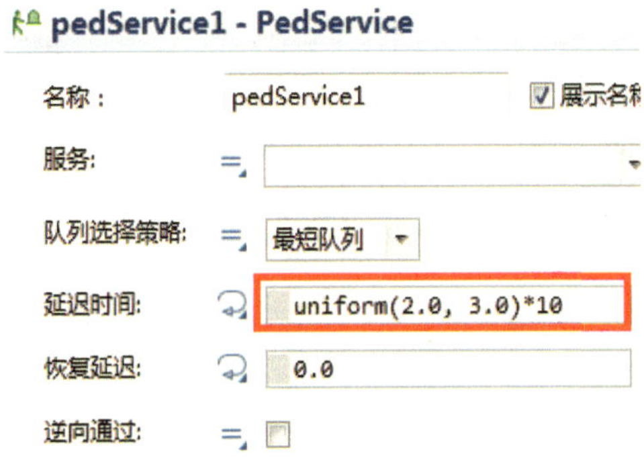

图 5-4

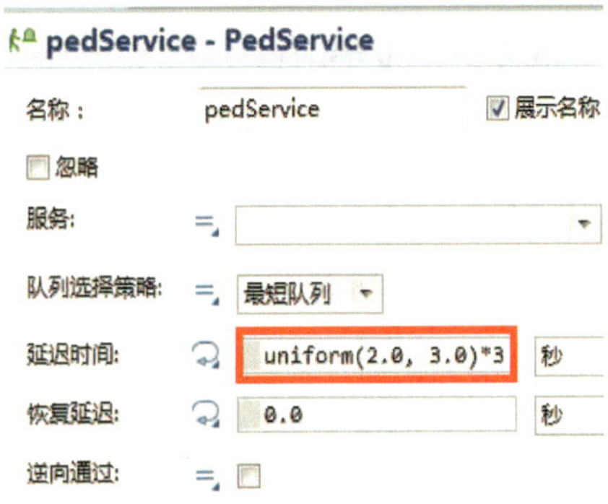

图 5-5

5.2.4　步骤四

在“pedService”后连接一个“pedGoTo”，在“pedGoTo”后连接一个“pedSink”，同时“pedService1”也连接到“pedGoTo”上，如图 5-6 所示。（注意：“pedService1”和“pedGoTo”的连接点，可手动双击圆圈进行绘制。）

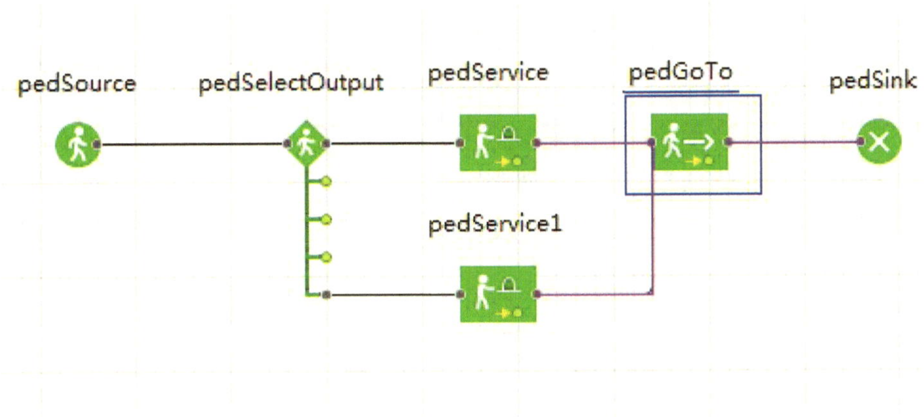

图 5-6

5.2.5 步骤五

(1)用“墙”(双击变成绘图模式)简单地画一个银行的外框,并在底部画一条目标线(在“行人库”下)代表银行的大门,并把这个目标线命名为“one”,如图5-7所示。

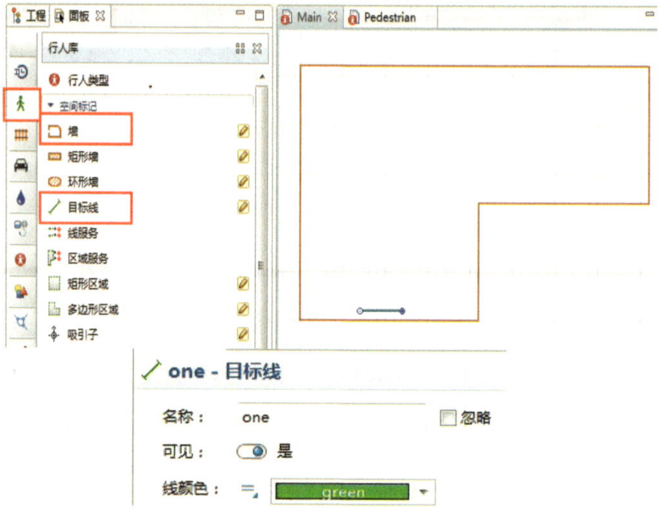

图5-7

(2)在此框内拖入一个“线服务”,并命名为“services”,代表ATM机,将其“服务数”与“队列数”改为1,如图5-8和图5-9所示。

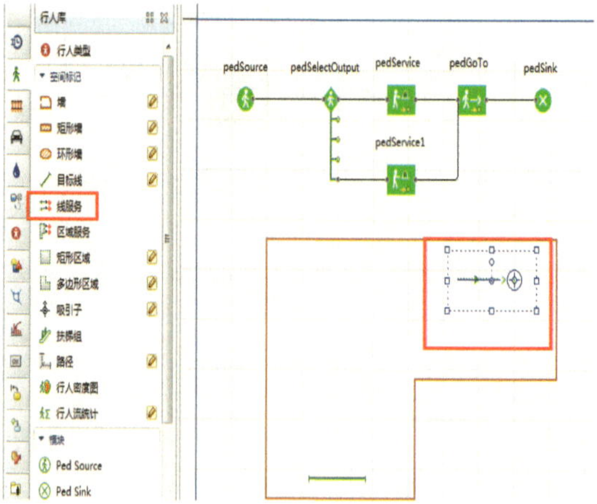

图5-8

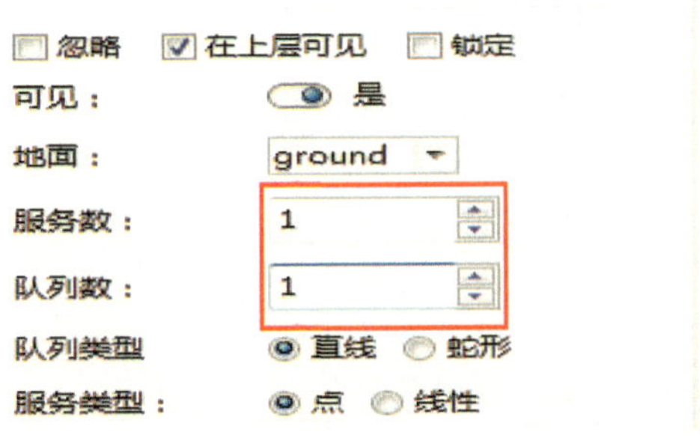

图 5-9

(3)点击“三维物体”图标，选择“超市”，拖入一个“自动柜员机”到服务点靠后的位置，并将其旋转改为-90.0度，如图5-10和图5-11所示。

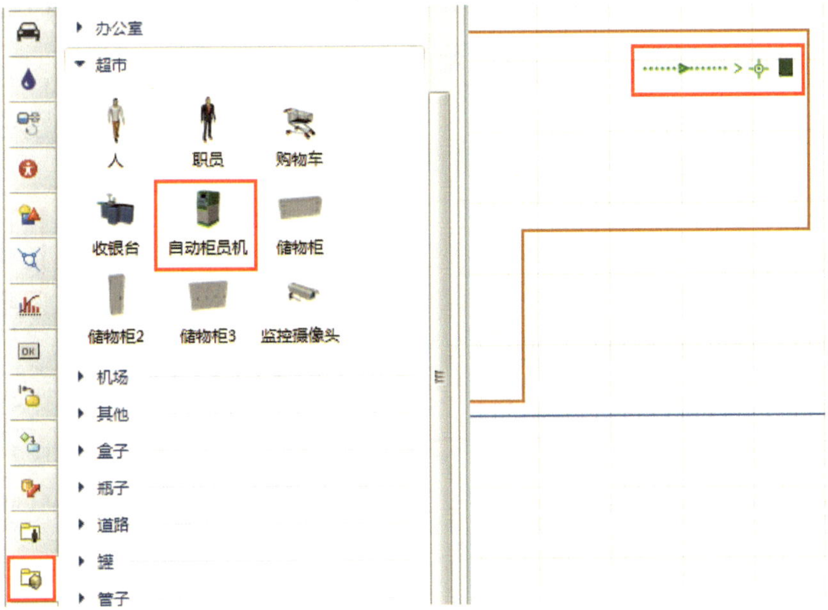

图 5-10

图 5-11

(4)拖入一个“线服务”到框内，将其“服务数”与“队列数”改为4(代表4个服务台)，并旋转使它的目标箭头朝上(旋转时选择中间的空心小圆点，当鼠标变成旋转按钮时旋转)，如图5-12所示。

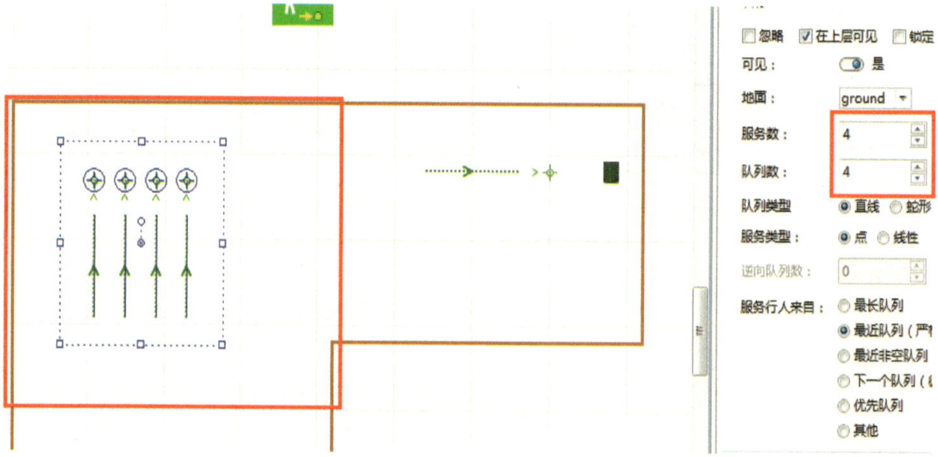

图 5-12

(5)点击“三维物体”，选择“超市”，拖入4个“收银台”到服务点的位置，静态地表示为服务台，并将其旋转改为-90.0度，如图5-13和图5-14所示。

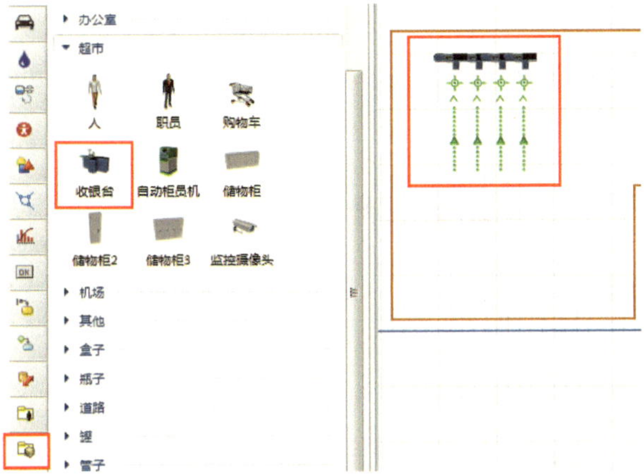

图 5-13

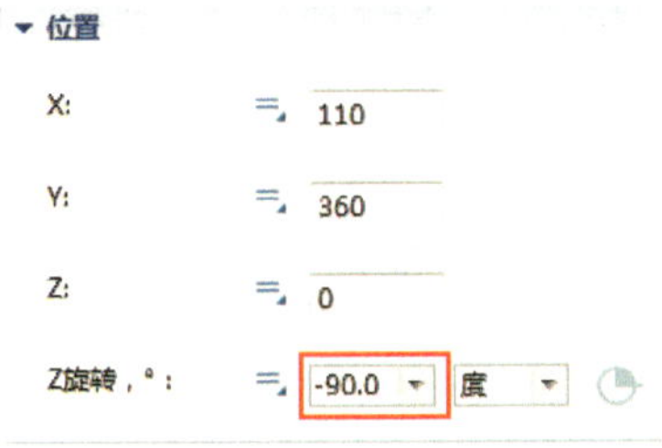

图 5-14

5.2.6　步骤六

（1）拖入一个“行人库”中的“行人类型”，点击“下一步”，选择三维人，点击“完成”，如图 5-15 和图 5-16 所示。

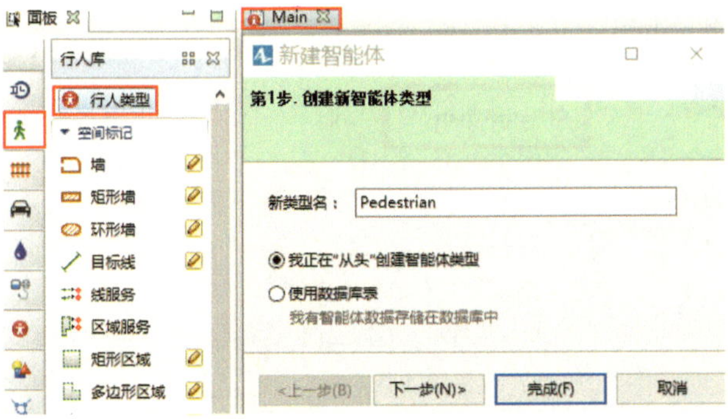

图 5-15

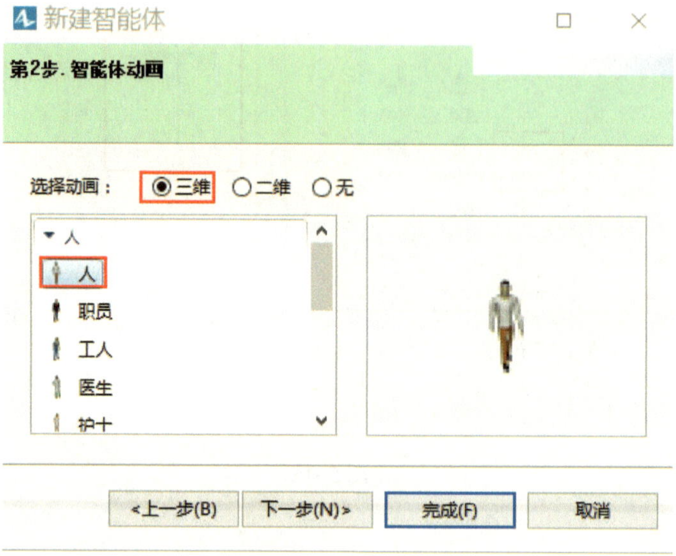

图 5-16

（2）点击“pedSource”，在其属性窗口中“行人”下的“新行人”中选择创建好的智能体，并在“目标线”中选择“one”，如图 5-17 所示。

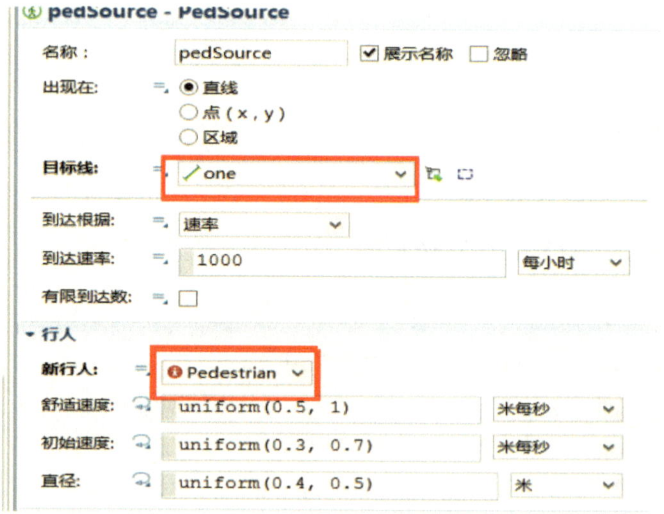

图 5-17

(3)点击“pedService”,在其属性窗口中的“服务”栏中选择“services”,如图5-18所示。

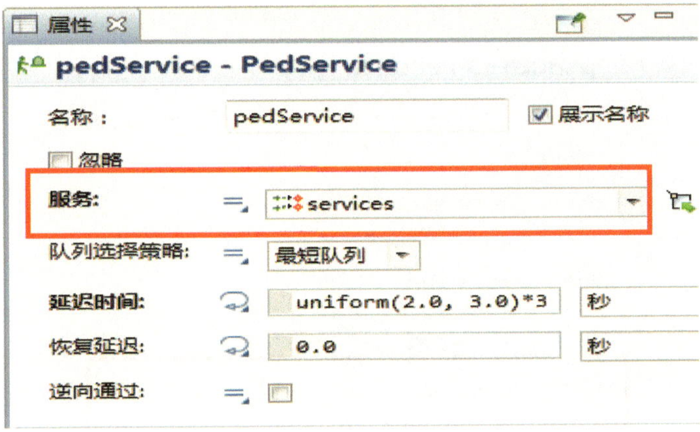

图5-18

(4)点击“pedService1”,在其属性窗口中的“服务”栏中选择“services1”,如图5-19所示。

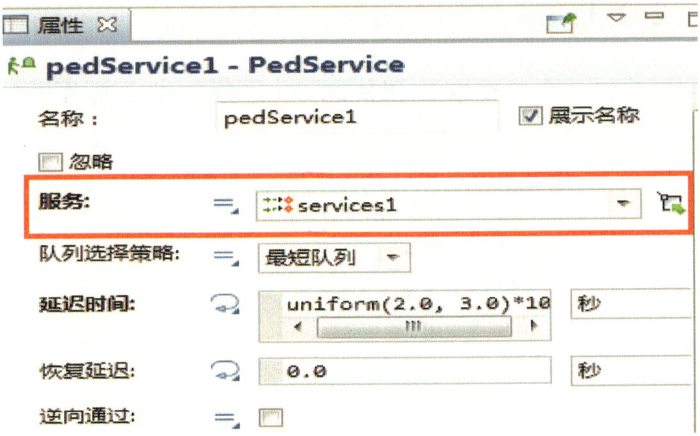

图5-19

(5)点击“pedGoTo”,在其属性窗口中的“目标线”栏中选择“one”,如图5-20所示。

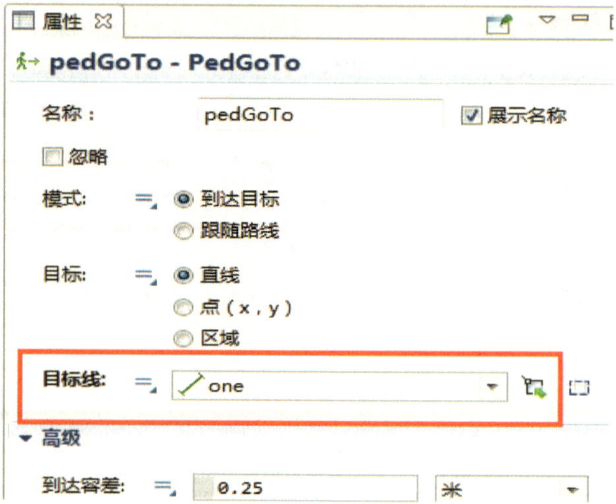

图5-20

5.2.7 步骤七

在演示中添加一个三维窗口到Main中(出现三维动态效果),如图5-21所示。

图5-21

5.2.8 步骤八

运行模型，我们可以发现人从门进来后，会到两个地方分别接受服务，然后再从原来的门出去，如图 5-22 和图 5-23 所示。

图 5-22

图 5-23

5.3 紧急情况疏散模拟一

5.3.1 步骤一

拖入一个“pedGoTo”到Main中，并命名为“pedGoTo1”，将“pedGoTo”“pedService”和“pedService1”下方的端口连接到“pedGoTo1”，再将“pedGoTo1”连接到“pedSink”，如图5-24所示。

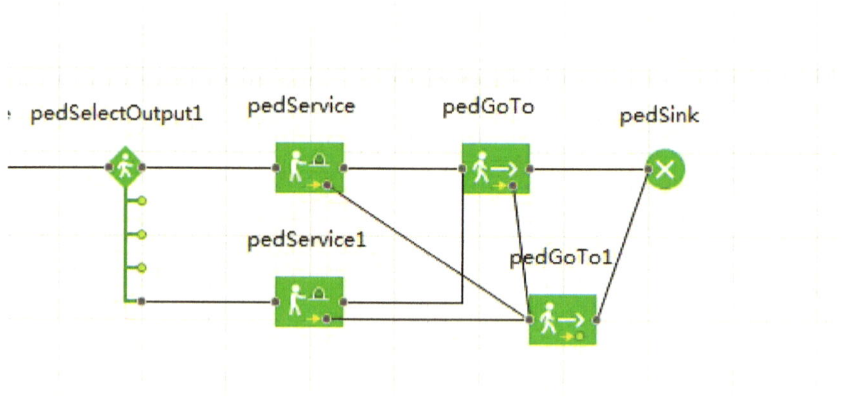

图5-24

5.3.2 步骤二

拖入一个“按钮”，在属性窗口中的“标签”后键入“紧急”，文字颜色为红色，代表紧急按钮，并在其“行动”中键入代码：

```
pedSource.set_rate(0);
pedGoTo.cancelAll();
pedService.cancelAll();
pedService1.cancelAll();
```

如图5-25所示。

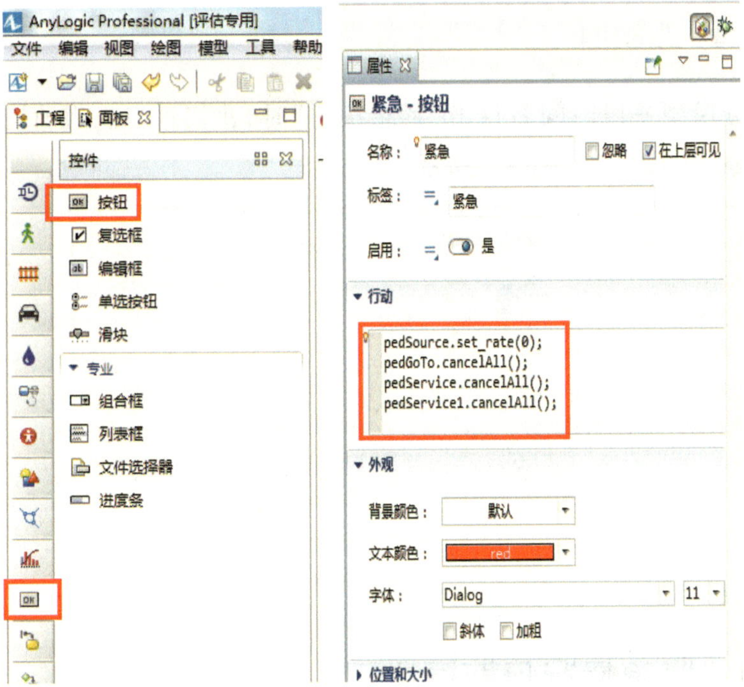

图 5-25

5.3.3 步骤三

点击“pedGoTo1”，在其属性窗口中的“目标线”栏中选择“one”，如图 5-26 所示。

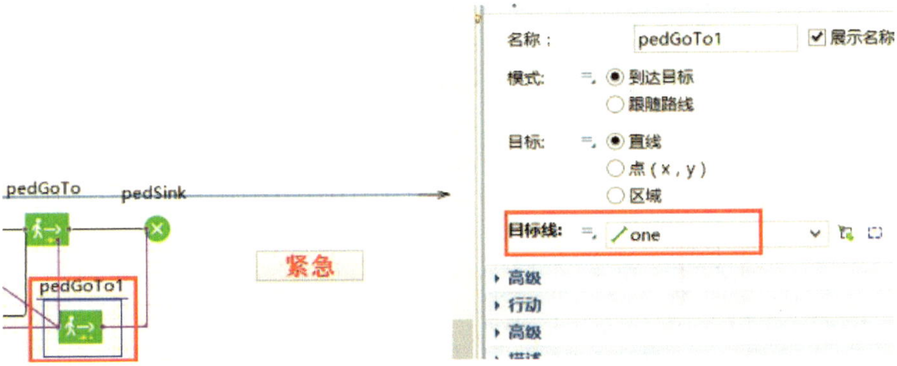

图 5-26

5.3.4 步骤四

运行模型一段时间后点击“紧急按钮”时，我们可以发现所有人都从目标线“one”疏散了，如图5–27所示。

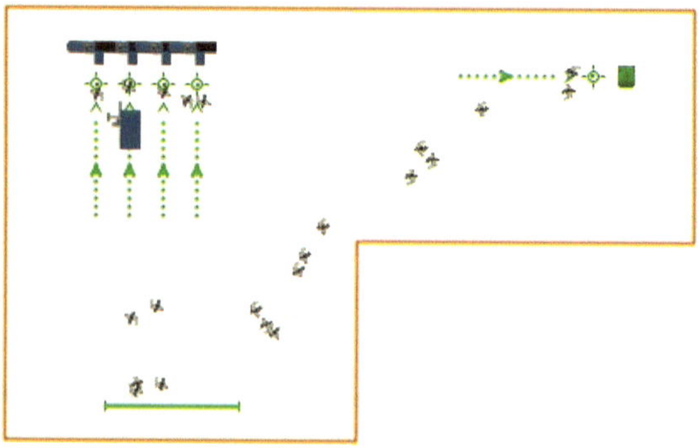

图5–27

5.4 紧急情况疏散模拟二

5.4.1 步骤一

画两条目标线到框内，分别命名为“two”“three”，如图5–28和图5–29所示。

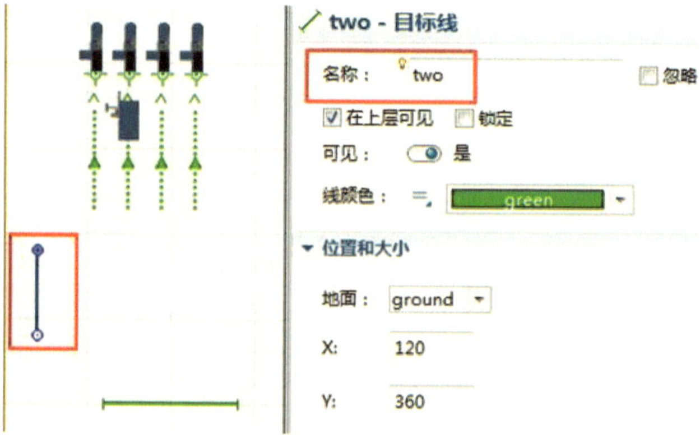

图5–28

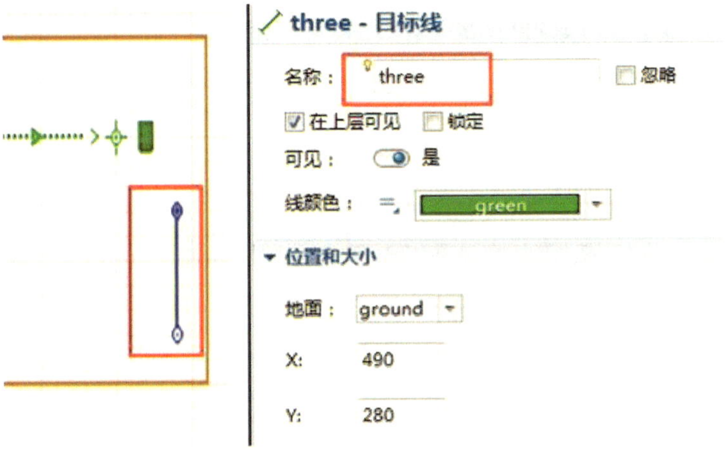

图 5-29

5.4.2 步骤二

在智能体中拖入一个"集合"，其"元素类"选择"其他"，后面输入"TargetLine"（先输入 Target，之后使用补全键 Alt+X，在下拉项中选择 TargetLine，注意区分大小写），将"one""two""three"放到这个集合内，如图 5-30 和图 5-31 所示。

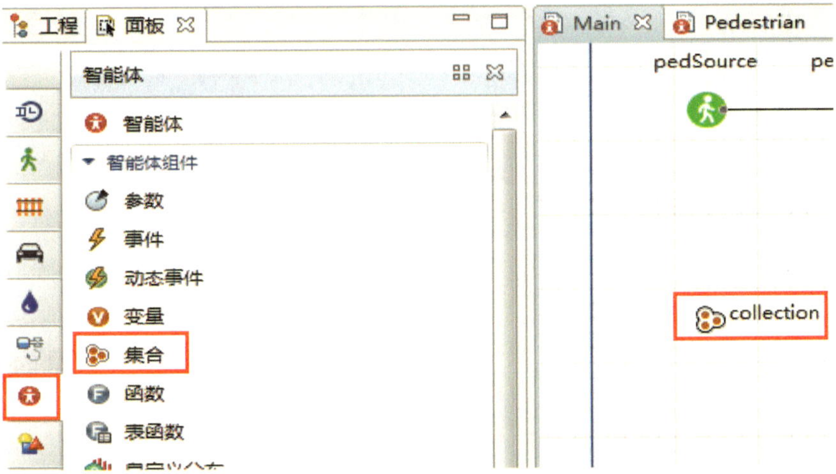

图 5-30

图 5-31

5.4.3 步骤三

（1）拖入一个“Pedestrian”（在“工程”中直接选择），并命名“pedestrian”，如图 5-32 所示。

图 5-32

（2）双击“pedestrian”进入页面，选择“智能体”—“函数”，修改名称为

“getNearestGate”，选择返回值，返回值类型选择“其他”，使用补全键 Alt+X 输入 TargetLine，在其“函数体”中键入代码：

```
double dis = infinity;
TargetLine tline = new TargetLine();
for(TargetLine tl :main.collection)
{if(this.distanceTo(tl.getX(),tl.getY())<dis)
{dis=this.distanceTo(tl.getX(),tl.getY());
tline=tl;}}
return tline;
```

如图 5-33 和图 5-34 所示。

图 5-33

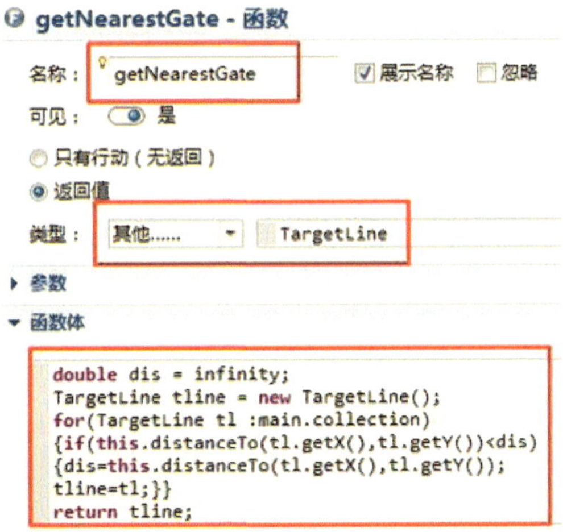

图 5-34

5.4.4 步骤四

回到"Main"里,在"pedGoTo1"的目标线位置将其变为动态值(注意是动态值,需要点击目标线后的标志进行转换),键入代码"ped.getNearestGate()",如图5-35所示。

图5-35

5.4.5 步骤五

运行模型,我们可以看到人群分为三个方向,人们分别找到离自己最近的门进行疏散,如图5-36和图5-37所示。

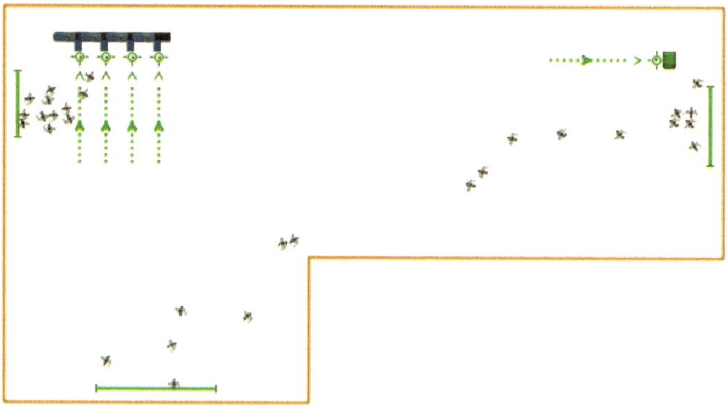

图5-36

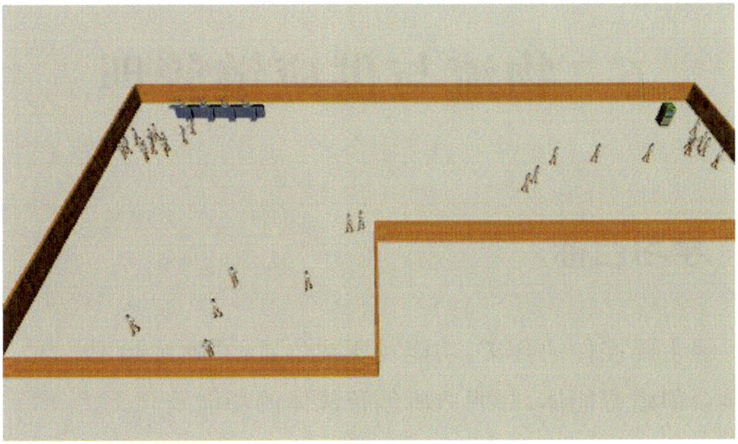

图 5-37

本章小结

本章通过利用Anylogic“行人库”面板中的控件等进行人群疏散模拟，它不仅是一个循序渐进的操作过程，还是一个真实模拟逃生场景的过程。从简单的单门疏散到多门疏散，从非理性的只认准一个逃生路口，再到现实中理性的就近逃生原则，我们在软件中很好地模拟出来。此次人群疏散，只简单地分析了人群的紧急逃生流向，后面我们还可以用此方法在更真实的模拟现实逃生过程中，解决人群的集聚程度、逃生方式、各个逃生地点的人流以及安全出口的设置等问题。

思考题

1. 阐述“行人库”建模的步骤及主要控件的功能。
2. 尝试运用“行人库”模拟学生宿舍楼火灾疏散演练。

6 物流与供应链管理

6.1 学习目标

(1)了解主要控件的含义、功能及所在位置,并熟练运用。

(2)学会创建智能体,并明白所创智能体的功能及含义。

(3)掌握地图的操作方法和Excel表的导入规则。

(4)理解模型的主要思想和操作步骤。

通过物流与供应链管理模型,本章将提供关于创建模型的控件说明,并解决在构建、调试及运行模型时可能遇到的各种各样的问题,还将学习如何插入地图、在地图里选点、从外部导入Excel,以及控件和函数值的代码编写语句和规则。通过学习物流与供应链管理这个模型,我们要理解建模的思想,了解更多实际生活中的问题,将实际问题转化到仿真模型中。

6.2 实验内容

在配送中心和零售商之间进行药物配送,会有两种配送方案,即考虑延时方案和不考虑延时方案,其中会产生一些车辆成本及延误成本。

6.3 实验目的

针对不同的配送方案,算出哪一种配送方案成本最优,包括考虑延时情况和不考虑延时情况下进行货物运输路线的规划和成本优化,以实现企业利润最大化。

6.4 操作步骤

6.4.1 步骤一

创建新模型：打开 Anylogic 软件，点击“文件”—“新建”—“模型”，创建一个新的模型，并将模型命名为“物流与供应链管理”，点击“完成”，如图 6-1 所示。

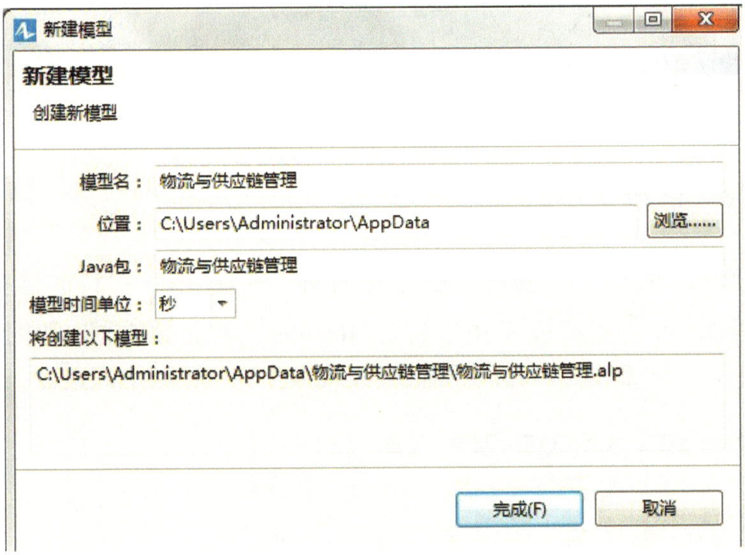

图 6-1

6.4.2 步骤二

将面板下“空间标记库”中的“GIS 地图”拖到 Main 中，并双击地图，然后滚动鼠标滚轮到北京市，如图 6-2 所示。（注意：此步骤需要联网，否则无法显示地图路线。）

图 6-2

6.4.3　步骤三

（1）选择“工程”—“物流与供应链管理”—“新建”—“智能体类型”，创建一个智能体，代表零售商并命名为“Retailer”，点击“完成”，如图 6-3 和图 6-4 所示。

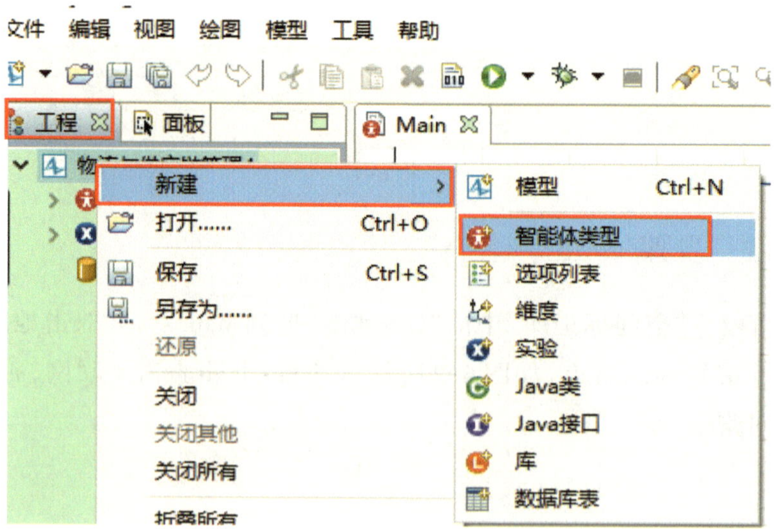

图 6-3

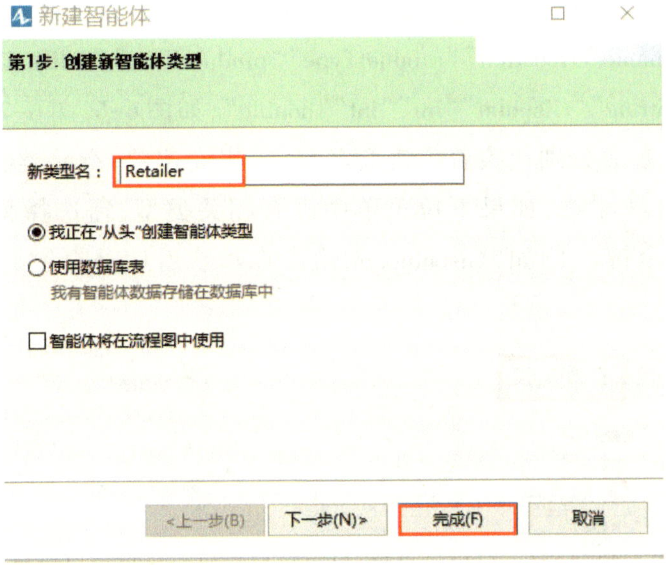

图 6-4

（2）选择“三维物体”—“建筑物”—“商店”，并将其放在“Retailer”中的原点位置，将其“附加比例”改为25%，如图6-5所示。

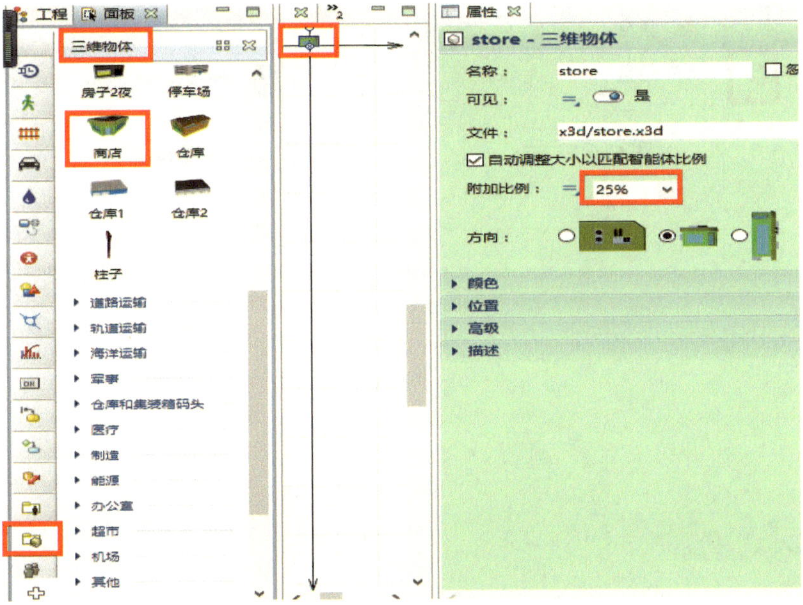

图 6-5

（3）在“Retailer”中，选择“面板”—“智能体”—“参数”，拖入5个参数，分别命名为“name”“location”“productType”“productNum”“deliveryTime”，其类型分别为“String”“Gispoint”“int”“int”“double”，如图6-6、图6-7和图6-8所示。这几个参数分别代表着零售商名字、零售商位置、产品类型、产品数量和延时时间。（注意：如果下拉菜单中没有相关类型，需选择其他，然后输入，再用补全键。例如，Gispoint，先输入Gis，然后用补全键，再双击选择“Gispoint”。）

图6-6

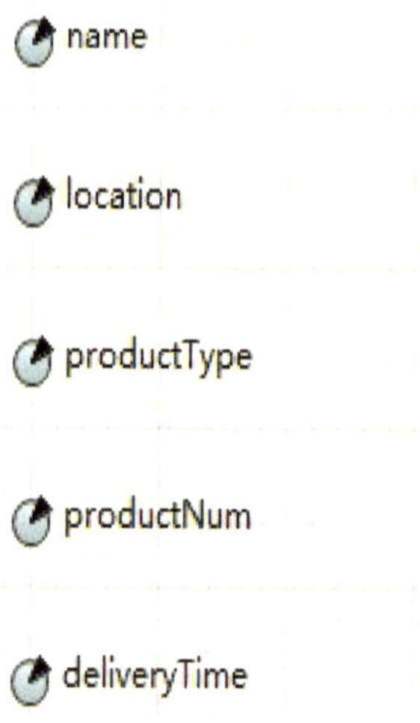

图6-7

图 6-8

（4）选择“面板”—“演示”—“文本”，将文本放置在商店上面，使文本的值变为动态值，等于“name”，在其颜色后键入代码“productType==1?red:blue”，意思是：如果产品类型为一种，文本显示为红色，否则为蓝色，如图 6-9 所示。（注意：动态值需要手动点击一下，使其变为动态值再填写。）

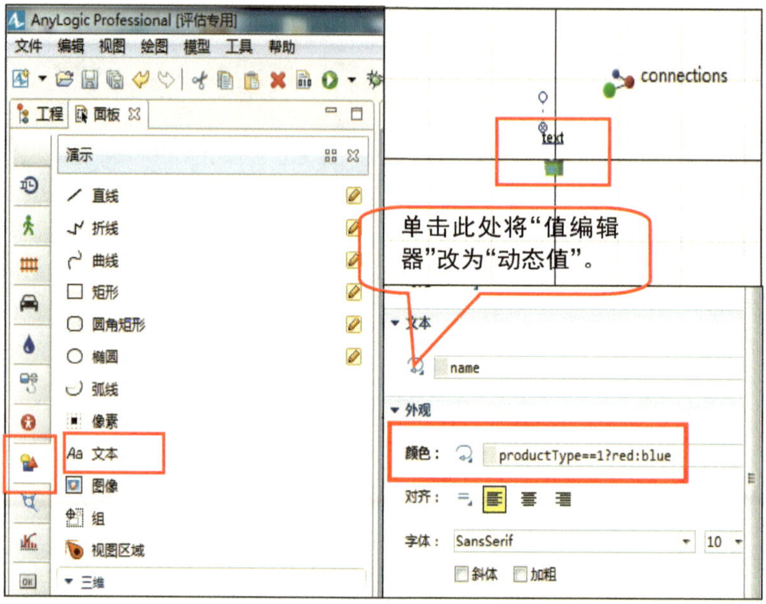

图 6-9

6.4.4 步骤四

(1)选择"工程"—"物流与供应链管理"—"新建"—"智能体类型",创建一个智能体,并命名为"Distributor",代表配送中心,点击"完成",如图 6-10 和图 6-11 所示。

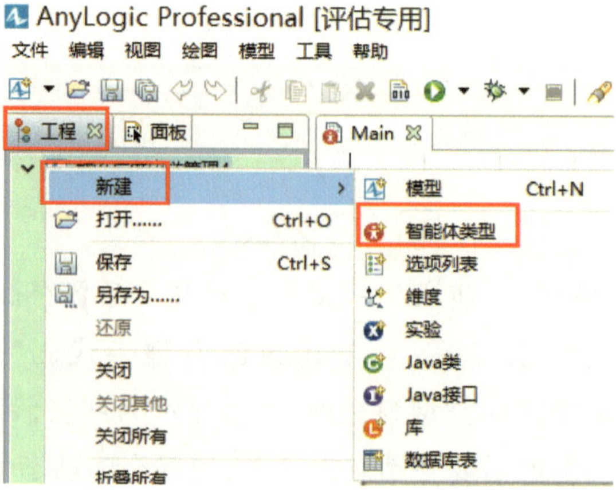

图 6-10

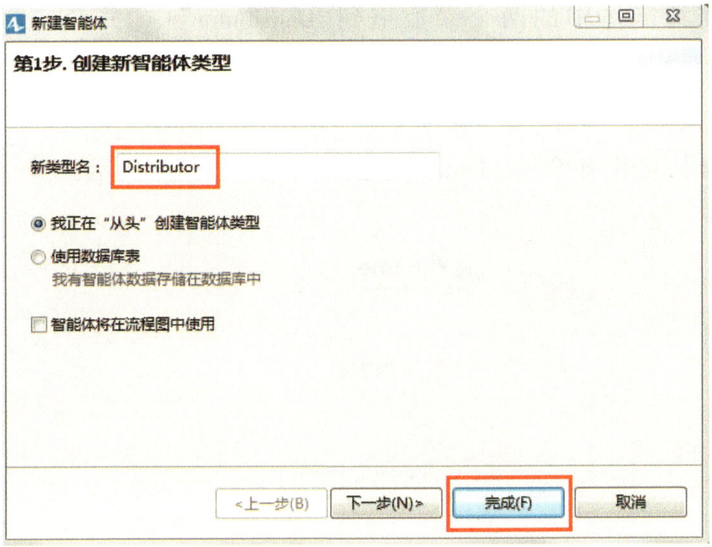

图 6-11

（2）为"Distributor"添加属性，在面板下的"三维物体"里选择"建筑物"—"房子"，将其放置在坐标原点位置，并将"附加比例"改为25%，如图6-12所示。

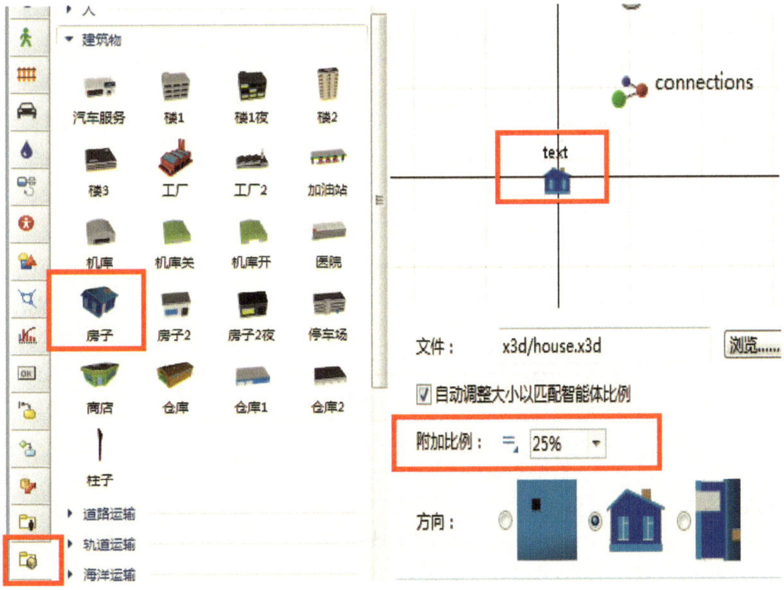

图 6-12

（3）将智能体中的两个参数拖到“Distributor”中，并命名为“name”和“location”，分别代表配送中心的名字和位置，“name”的类型为“String”，“location”类型为“Gispoint”，注意选择“其他”，使用补全键（注意：自行键入会导致错误，可用补全键 Alt+X），如图6–13和图6–14所示。

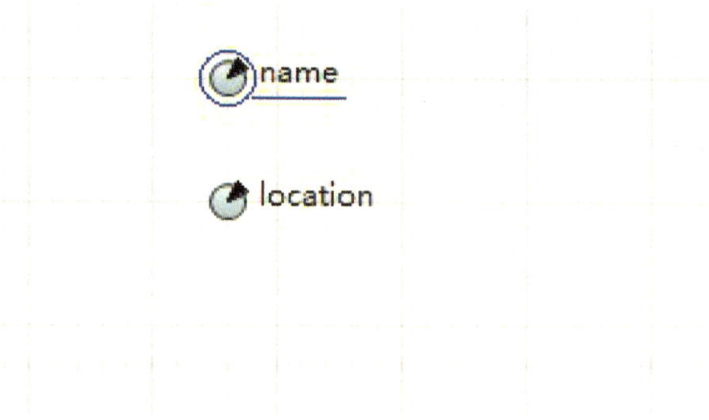

图6–13

图6–14

（4）选择“面板”—“演示”—“文本”，将文本放置在商店上面，让文本的值变为动态值，等于“name”，如图6-15所示。

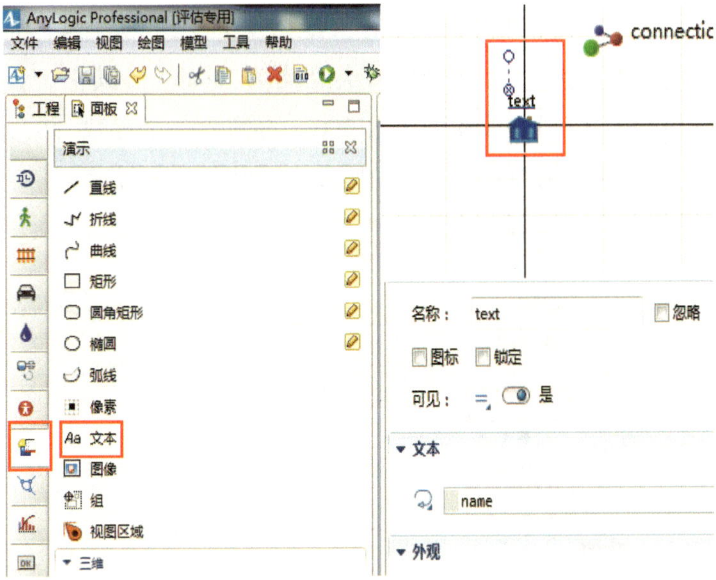

图6-15

（5）选择“面板”—“智能体”—“集合”，将其拖到“Distributor”中，并命名为“retailerCollection”，其“元素类”为“Retailer”，如图6-16所示。

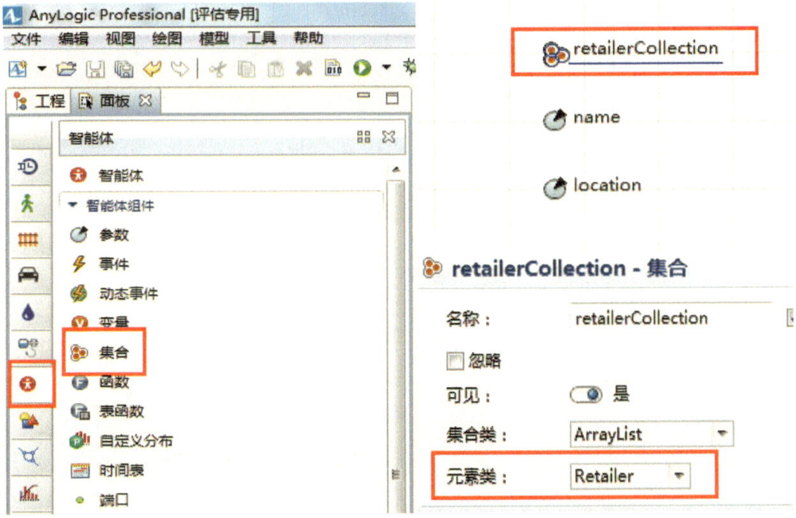

图6-16

6.4.5 步骤五

选择“面板”—“智能体”—“变量”，拖入 4 个变量，并命名为“totalTime”“delayTime”“perHourCost”“delayCost”，类型均为“double”，其中，“perHourCost”和“delayCost”可以给一个初始值 100 和 200。再拖入一个参数，并命名为“路径最短方案”，其“类型”为“boolean”，如图 6-17 和图 6-18 所示。

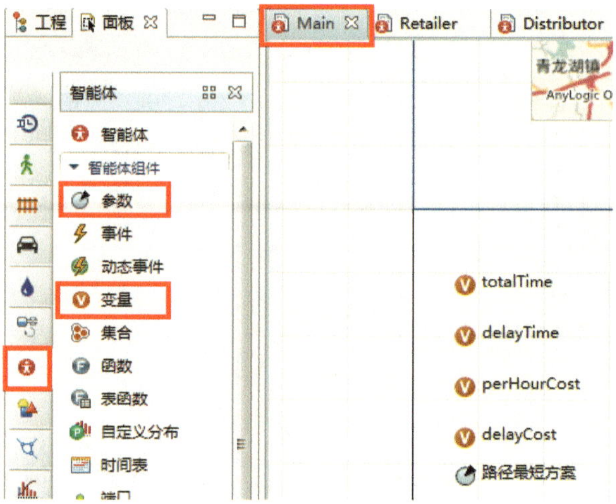

图 6-17

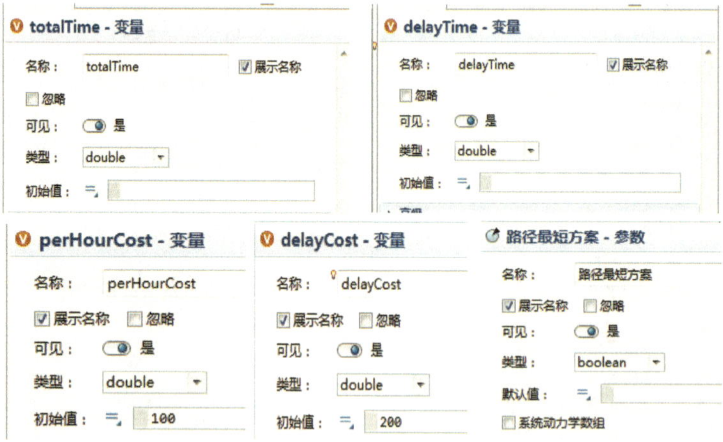

图 6-18

6.4.6 步骤六

创建一个Excel并命名为“医药输入”，将“sheet1”命名为“Distributor”，将“sheet2”命名为“Retailer”，如图6–19和图6–20所示。（注意：经、纬度单元格格式为数值型，小数保留5位，将创建好的表放入和“物流与供应链管理模型”相同的文件夹下，否则会出错。）

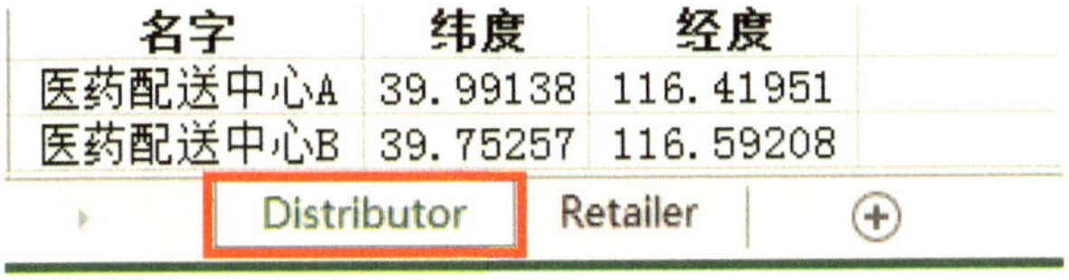

名字	纬度	经度
医药配送中心A	39.99138	116.41951
医药配送中心B	39.75257	116.59208

图6–19

名字	纬度	经度	订单数	产品种类	配送时间
药店A	39.93335	116.3578	10	2	0
药店B	39.87186	116.4473	20	1	50
药店C	39.9624	116.4972	10	2	0
药店D	39.80018	116.4275	20	1	32
药店E	39.91862	116.4648	30	1	25
药店F	39.85373	116.5395	12	2	0
药店G	39.87186	116.5763	24	2	0
药店H	39.74531	116.4824	22	2	0
药店I	39.89531	116.4824	22	2	0

图6–20

6.4.7 步骤七

选择“面板”—“连接”—“Excel文件”，拖入一个Excel文件，并改名为“input”，点击“浏览”，将刚才创建好的Excel文件添加进去，如图6–21所示。

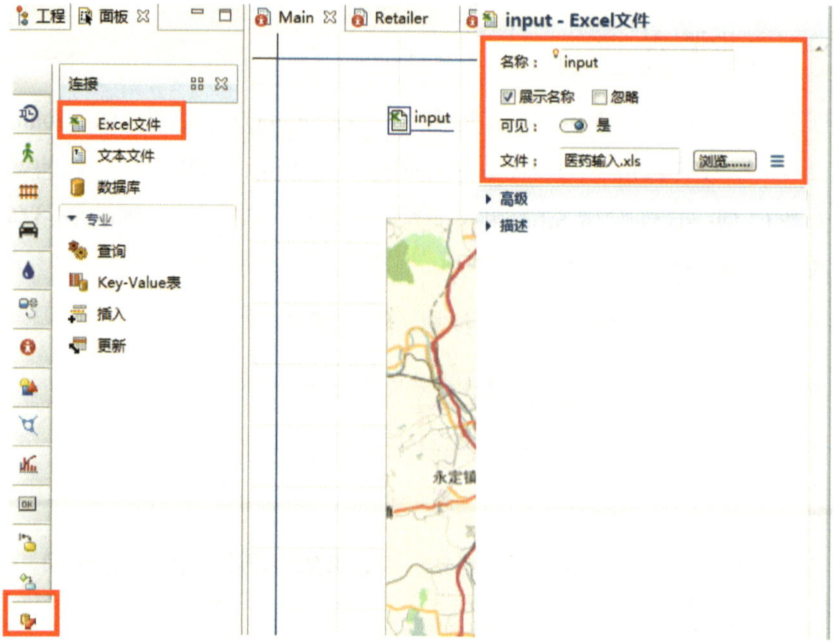

图 6-21

6.4.8　步骤八

（1）选择“演示”—“文本”，拖入3个文本，分别在“文本”中输入“车辆成本”“延误成本”和“总成本”，如图6-22所示。

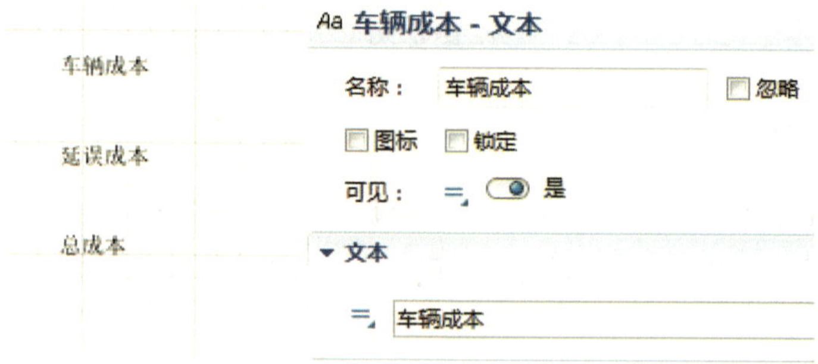

图 6-22

(2)在这3个文本后分别拖入3个文本,将"车辆成本"后的"text"的文本变为动态值并键入代码"totalTime*perHourCost",如图6-23所示。

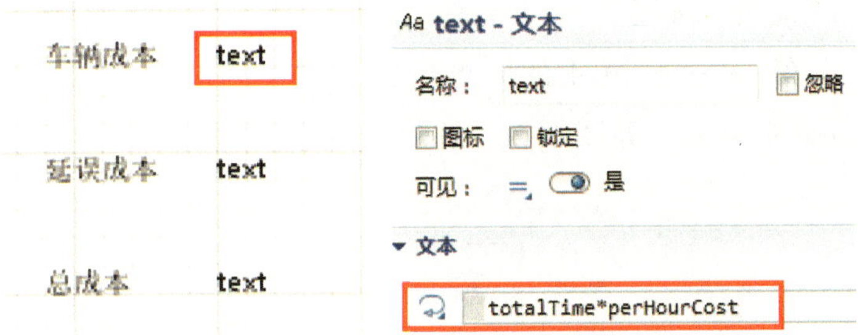

图6-23

(3)将"延误成本"后的"text"的文本变为动态值并键入代码"delayTime*delayCost",如图6-24所示。

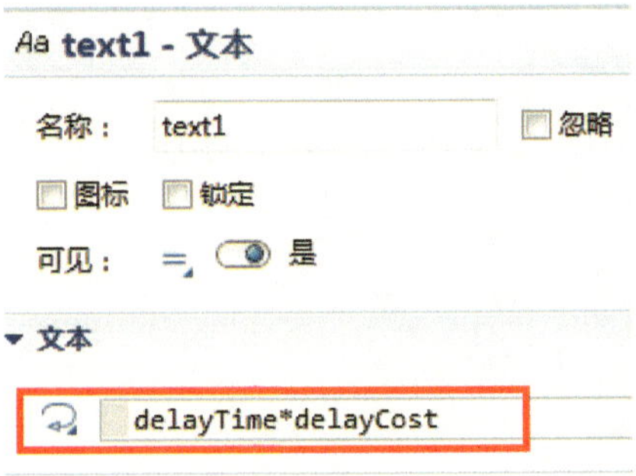

图6-24

(4)将"总成本"后的"text"的文本变为动态值并键入代码"totalTime*perHourCost+delayTime*delayCost",如图6-25所示。

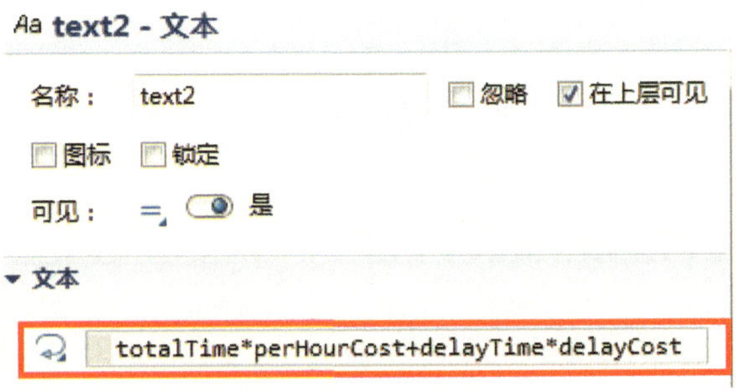

图6-25

6.4.9 步骤九

(1)点击“文件”新建一个智能体“truck”，再在“三维物体”—“道路运输”中找到“卡车”并拖至truck的原点位置，将“附加比例”改为35%(下拉无选项，需手动输入35%)，如图6-26、图6-27和图6-28所示。

图6-26

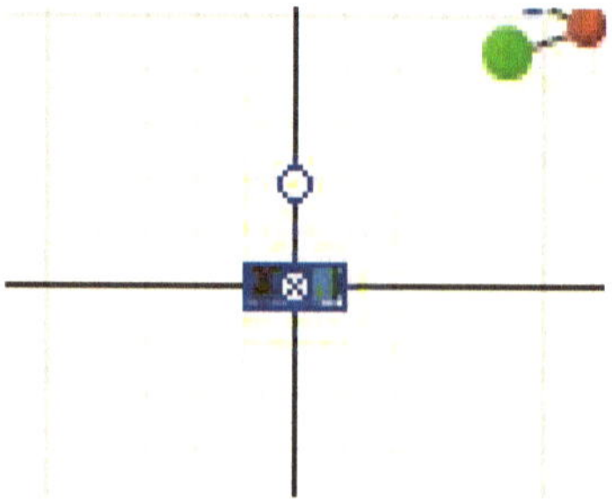

图6-27

图 6-28

（2）选择“智能体”—“参数”，将参数拖入 truck 中，并命名为“owner”，其类型为“Distributor”，如图 6-29 所示。

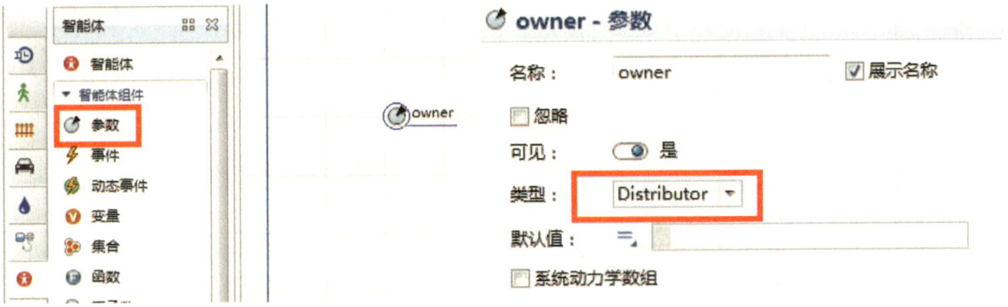

图 6-29

(3)选择“智能体”—“变量”,将参数拖入truck中,并命名为“retailer”,其类型为“Retailer”,如图6-30所示。

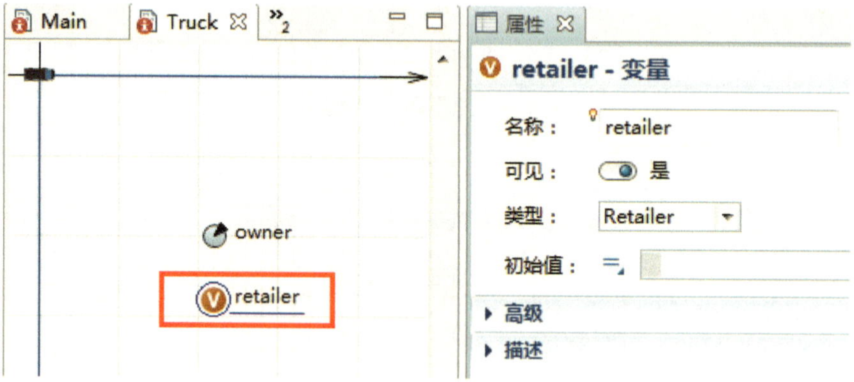

图6-30

(4)拖入两个变量,分别命名为“startTime”和“lastTime”,类型均为“double”,如图6-31所示。

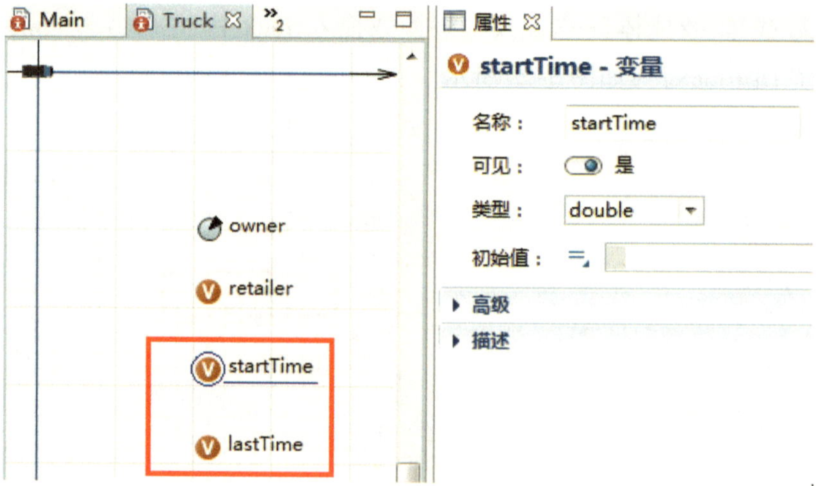

图6-31

(5)拖入一个变量,并命名为“string00”,其类型为“DecimalFormat”,初始值为“newDecimalFormat("#.00")”,如图6-32所示。

图6-32

(6)在智能体中拖入一个函数,并命名为“findNextRetailer”,其返回值类型为“Retailer”,在其函数体中键入代码:

```
Retailer r=new Retailer();
if(main.路径最短方案)
{r=this.getNearestAgentByRoute(owner.retailerCollection);}
else{ArrayList <Retailer>al=new ArrayList<Retailer>();
for(Retailer re:owner.retailerCollection){if(re.productType==1){al.add(re);}}
if(!al.isEmpty()){r=this.getNearestAgentByRoute(al);}
else{r=this.getNearestAgentByRoute(owner.retailerCollection);}}
return r;
```

如图6-33、图6-34和图6-35所示。

图 6-33

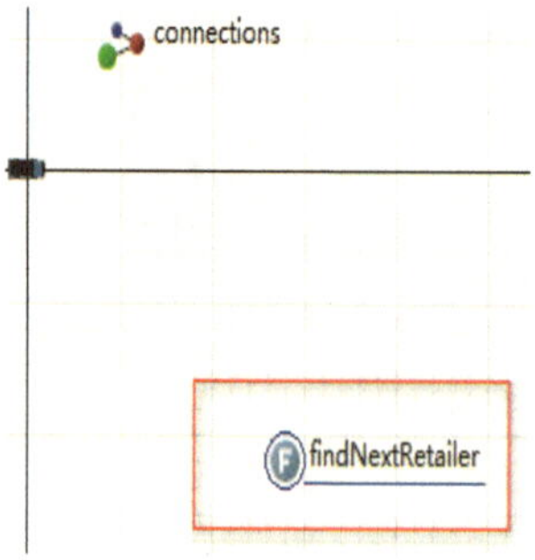

图 6-34

图 6-35

6.4.10 步骤十

（1）拖入一个“状态图进入点”，再拖入一个“状态”连接到“状态图进入点”之后，并命名为“Athome”，如图 6-36 所示。

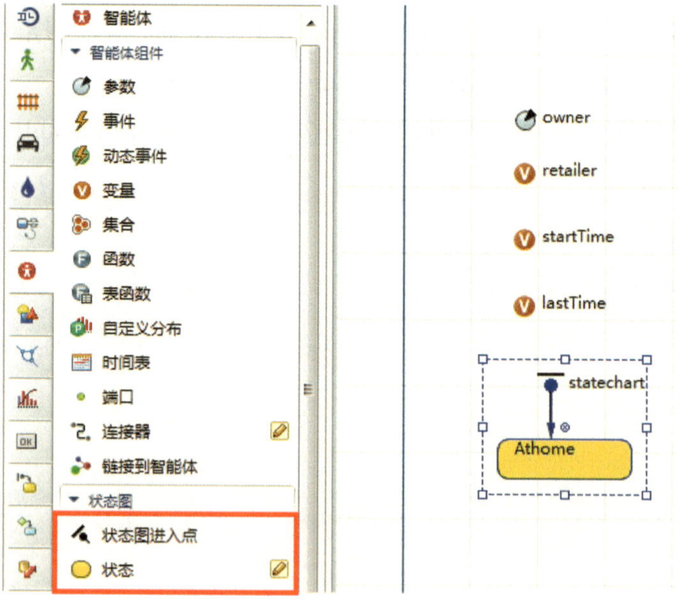

图 6-36

（2）在“Athome”下拖入一个“变迁”，触发类型改为“消息”—“特定消息时”—“go”，并在“行动”中键入代码：

```
collection.add(owner.name);
startTime=time(MINUTE);
lasttime=time(MINUTE);
```

如图 6-37 和图 6-38 所示。

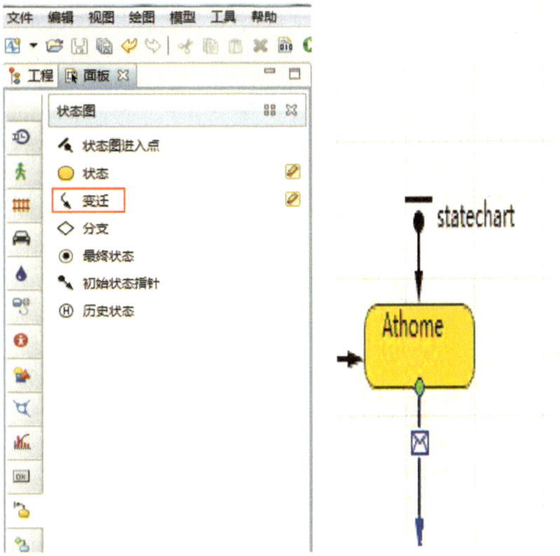

图 6-37

图 6-38

（3）在此“变迁”后添加一个“状态”，并命名为“movetoRetailer”，在其“进入行动”中键入代码：

```
Retailer r=findNextRetailer();
retailer=r;
moveTo(r);
this.owner.retailerCollection.remove(r);
collection.add(r.name);
```

如图6–39所示。

图6–39

（4）在此“状态”后连接一个“变迁”，触发类型为“智能体到达”，如图6–40所示。

图6–40

（5）在此“变迁”后添加一个“状态”，并命名为“unload”，在其“进入行动”中键入代码：

```
main.totalTime+=(time(MINUTE)-lasttime);
if(retailer.productType==1){
double dtime=time(MINUTE)-startTime;
if(retailer.deliveryTime<dtime){
main.delayTime+=dtime-retailer.deliveryTime;
}
}
```

如图6-41所示。

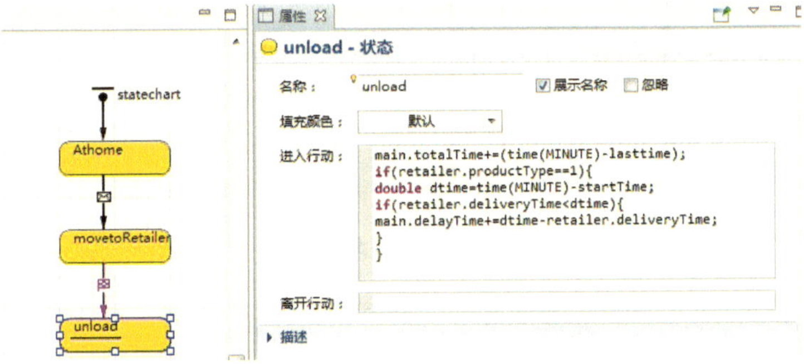

图6-41

（6）在此“状态”后连接一个“变迁”，触发类型为“到时”，时间单位为分钟，“到时”中键入代码“retailer.productNum*0.5”，“行动”中键入代码“lasttime=time(MINUTE);”，如图6-42所示。

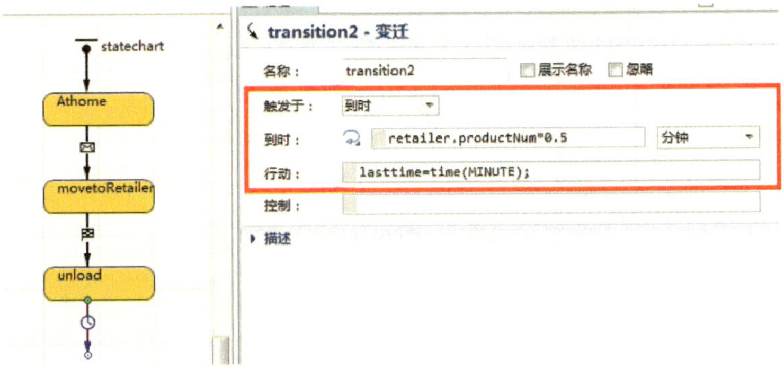

图6-42

(7)在“变迁”后连接一个“分支”,并在分支上连接两条“变迁”,一条为“条件”,连接到上一个状态“movetoRetailer”,在其“条件”中键入代码“!owner.retailerCollection.isEmpty()”;另一条为“默认”,在其后连接下一个状态“back”,并在“back”状态的“进入行动”中键入代码“moveTo(owner);”,如图6–43和图6–44所示。

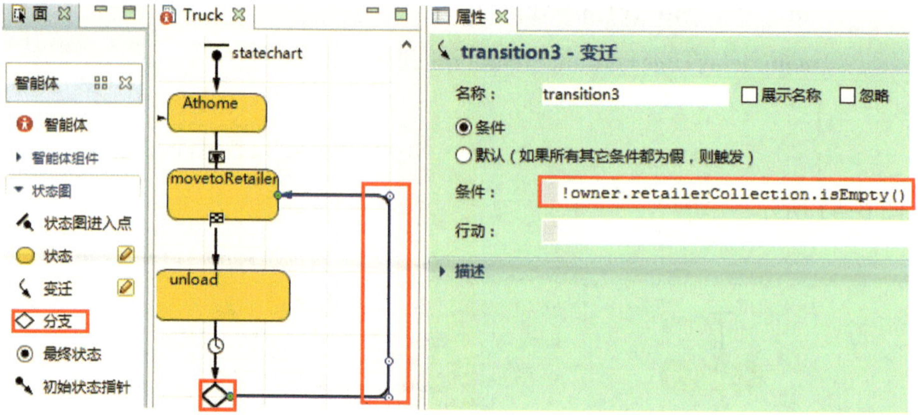

图6–43

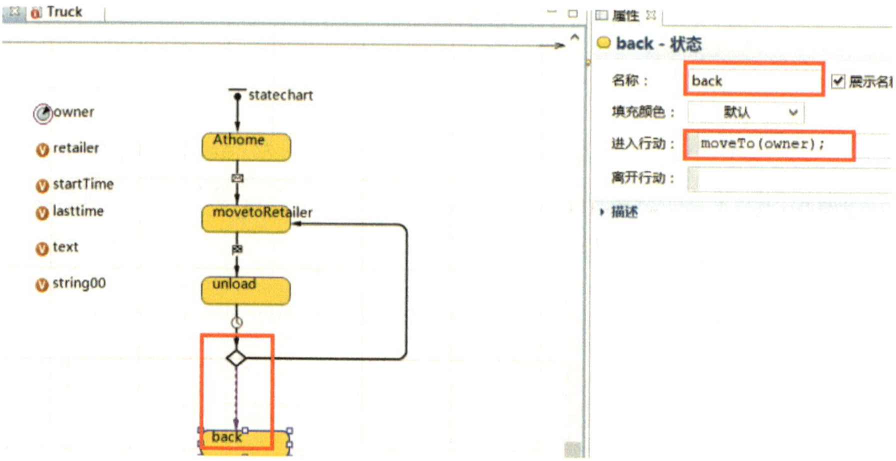

图6–44

（8）画一条"变迁"由"back"指向"Athome"，触发类型为"智能体到达"，在"行动"中键入代码：

```
main.totalTime+=(time(MINUTE)-lastTime);
collection.add(owner.name);
for(int i=0;i<collection.size();i++){
traceln(collection.get(i));
}
```

如图6-45所示。

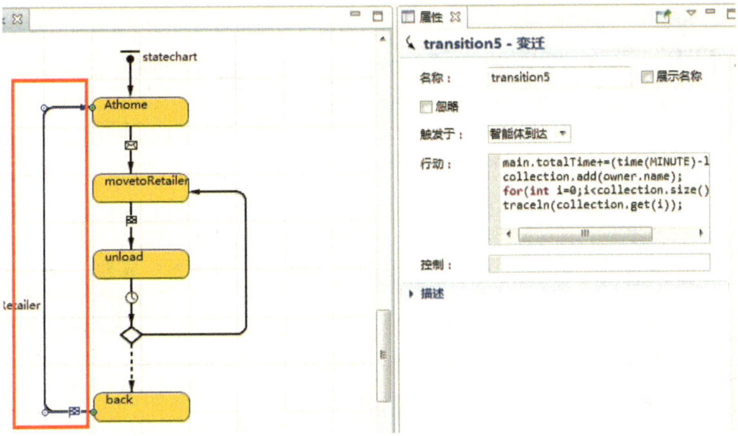

图6-45

（9）选择"智能体"—"集合"，拖入一个集合并将其"元素类"改为"String"，如图6-46所示。

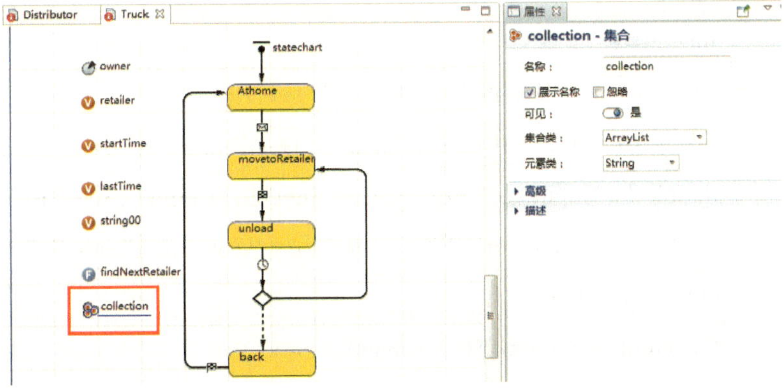

图6-46

6.4.11 步骤十一

（1）将之前创建的3个智能体“Distributor”“Retailer”和“truck”分别拖入Main中（方法：打开Main，在工程中找到3个智能体，按住鼠标左键将智能体拖入Main中即可），并将这3个智能体改为智能体群，初始值为空，如图6-47所示。

图6-47

（2）拖入一个函数到Main中，并命名为“initialize”，在其“函数体”中键入代码：

```
int row=2;
while(input.cellExists("Distributor", row,1)){
String str=input.getCellStringValue("Distributor", row,1);
double lat=input.getCellNumericValue("Distributor", row,2);
double lon=input.getCellNumericValue("Distributor",row,3);Distributor
dis=add_distributor();
GISPoint gs=new GISPoint(map,lat,lon);
dis.name=str;
```

```
    dis.location=gs;
    dis.setLocation(gs);
    Truck truck=add_truck();
    truck.owner=dis;
    truck.setLocation(dis);row++;}int row1=2;while(input.cellExists
("Retailer", row1, 1)){
    String str=input.getCellStringValue("Retailer", row1, 1);
    double lat=input.getCellNumericValue("Retailer", row1, 2);
    double lon=input.getCellNumericValue("Rctailer", row1, 3);
    int num=(int)input.getCellNumericValue("Retailer", row1, 4);
    int type=(int)input.getCellNumericValue("Retailer", row1, 5);
    double dtime=input.getCellNumericValue("Retailer", row1, 6);
    Retailer ret=add_retailer();
    GISPoint gs=new GISPoint(map,lat,lon);
    ret.name=str;
    ret.productNum=num;
    ret.productType=type;
    ret.deliveryTime=dtime;
    ret.location=gs;
    ret.setLocation(gs);
    row1++;}
```

如图6-48所示。

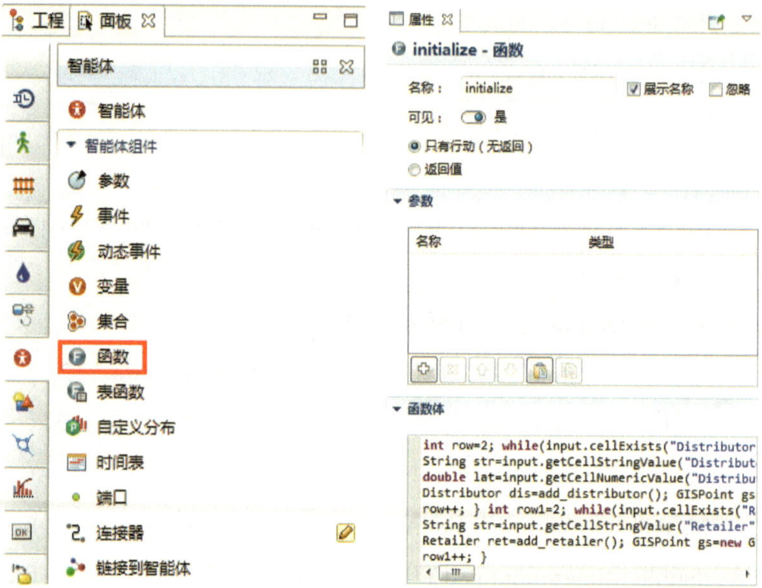

图 6-48

（3）拖入一个“函数”，并命名为“start配送”，在其“函数体”中键入代码：

```
for(Retailer ret :retailer){
Distributor d=ret.getNearestAgentByRoute(distributors);
d.retailerCollection.add(ret);}
for(Truck t:trucks)
send("go", t);
```

如图 6-49 所示。

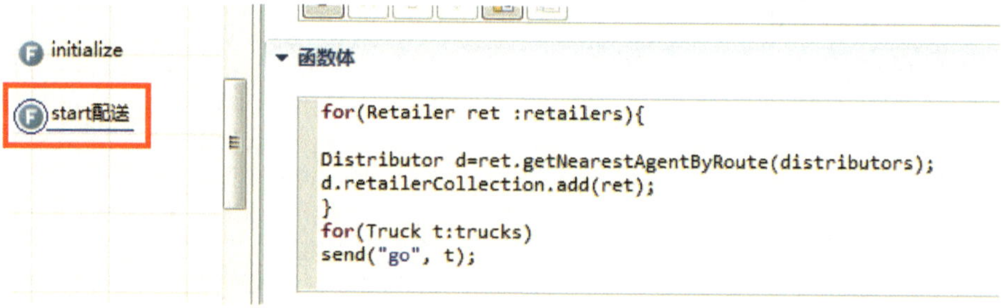

图 6-49

(4)拖入一个“变量”,并命名为“String00”,类型为“DecimalFormat”,初始值为“new DecimalFormat("#.00")”,如图 6-50 所示。

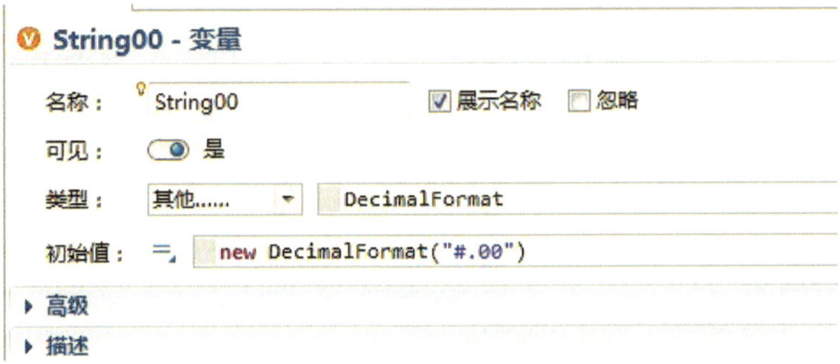

图 6-50

(5)在“工程”下双击 Main,在其右侧属性栏中的“启动时”中键入代码“initialize();start 配送();”,在“销毁时”中键入代码：

if(路径最短方案){

((Simulation)getEngine().getExperiment()).text1.setText(" 车 辆 成 本 " + string00.format(totalTime*perHourCost) + " 延 误 成 本 " + string00.format(delayTime*delayCost) + " 总 成 本 " + string00.format(totalTime*perHourCost + delayTime*delayCost));}else

{((Simulation)getEngine().getExperiment()).text2.setText(" 车 辆 成 本 " + string00.format(totalTime*perHourCost) + " 延 误 成 本 " + string00.format(delayTime*delayCost) + " 总 成 本 " + string00.format(totalTime*perHourCost + delayTime*delayCost));

}

traceln("--");

在“导入部分”(在高级 Java 中)中键入代码：

import org.dom4j.Text;

import java.text.DecimalFormat;

如图 6-51 所示。

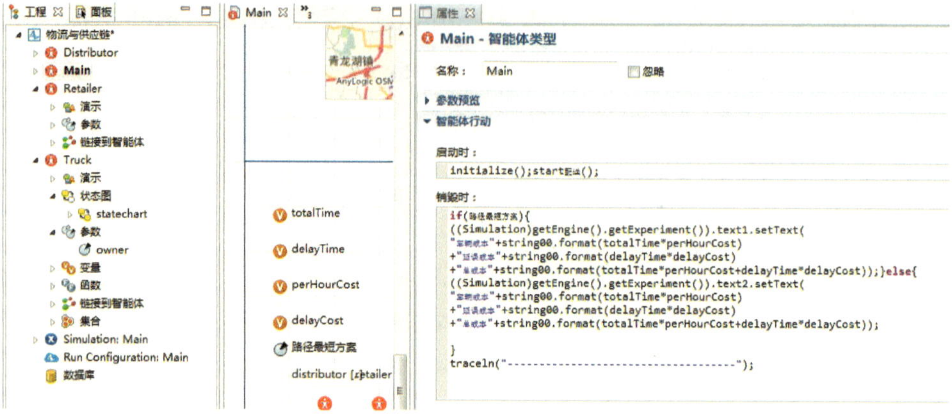

图 6-51

(6)在"工程"下选中"物流与供应链",将"模型时间单位"改成分钟,如图 6-52 所示。

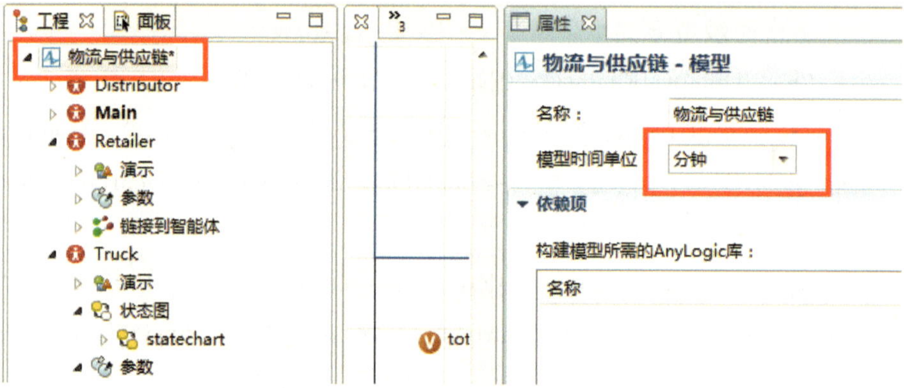

图 6-52

6.4.12 步骤十二

(1)双击"Simulation",在其界面中添加一个变量,并命名为"choice 最短",其类型为"boolean",初始值为"true",如图 6-53 所示。

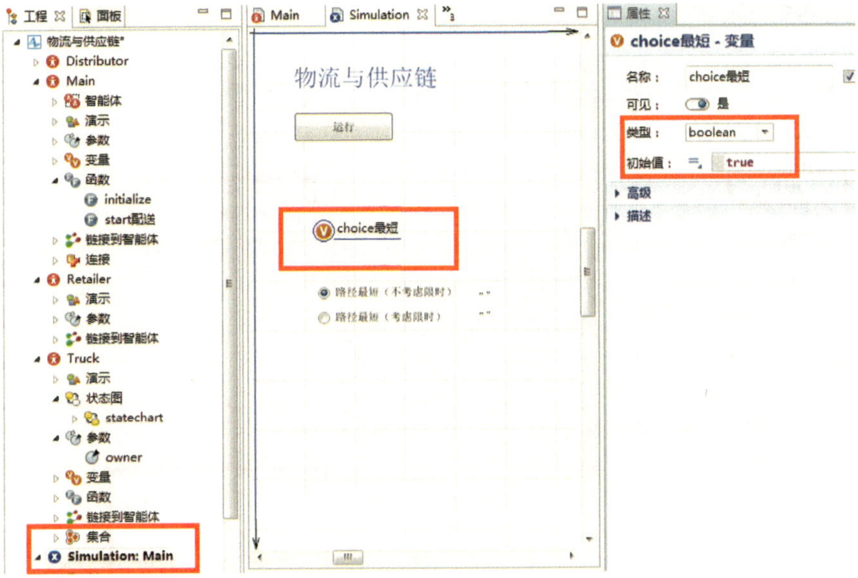

图 6-53

（2）在“Simulation”右侧属性“参数”中找到“路径最短方案”，让其等于“choice 最短”，如图 6-54 所示。

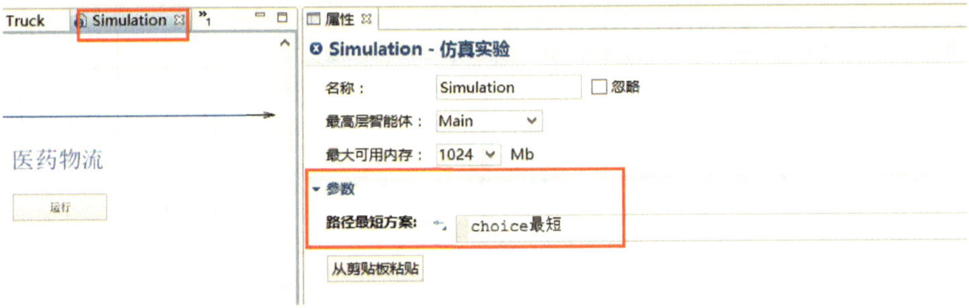

图 6-54

（3）在“Simulation”中拖入一个“单选按钮”，在此单选按钮“项目”中键入“路径最短（不考虑限时）”和“路径最短（考虑限时）”，在“行动”中键入代码：

```
if(value==0){
choice 最短=true;
}else{choice 最短=false;
}
```

如图6-55所示。

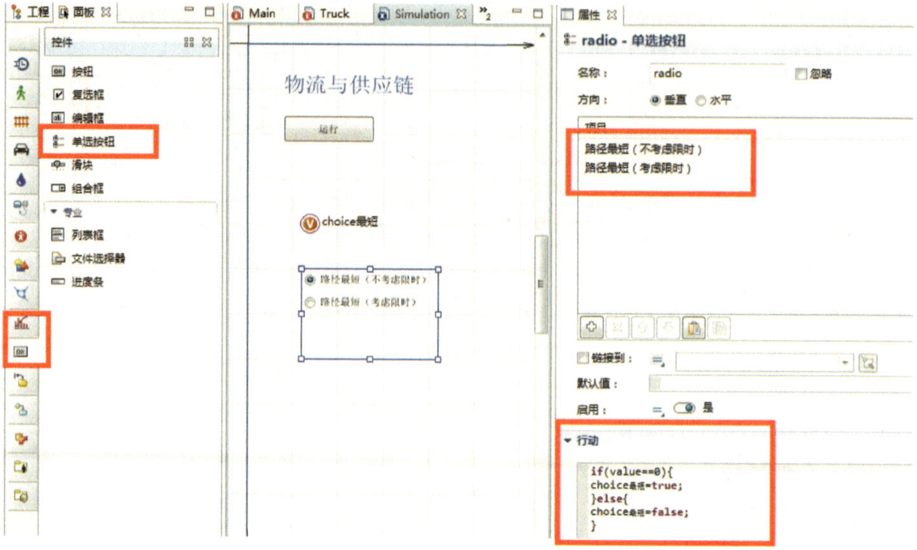

图6-55

（4）在这两个单选按钮后分别拖入两个“文本”，文本内容中填入“”，如图6-56所示。

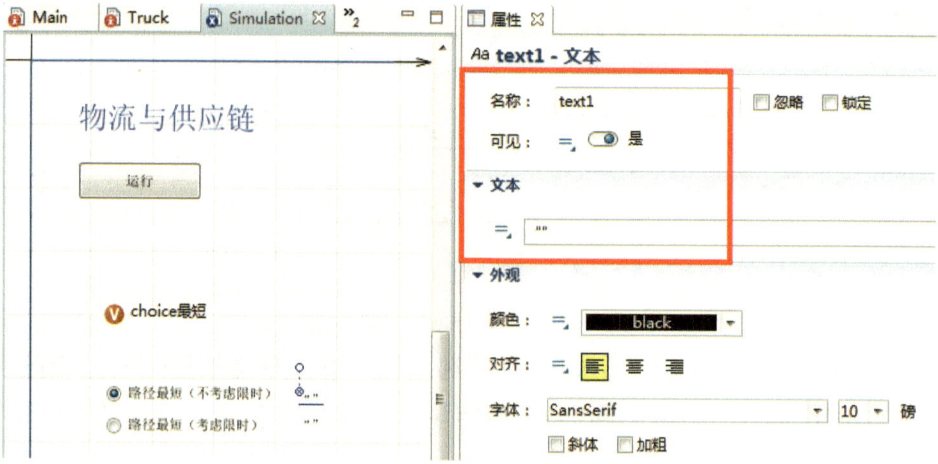

图6-56

（5）运行模型，我们可以看到有两种运行方案，先选择第一种“路径最短（不考虑限时）”，点击“运行”，如图6-57所示。

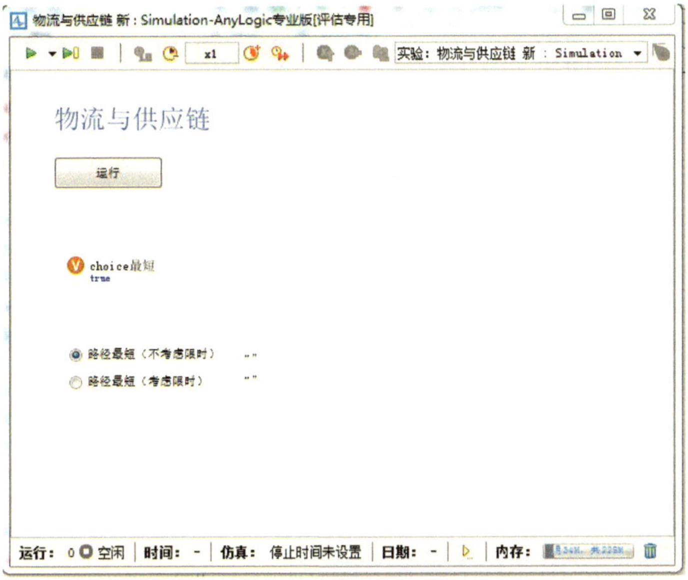

图6-57

我们可以看到运行中成本的变化和配送路径，如图6-58和图6-59所示。

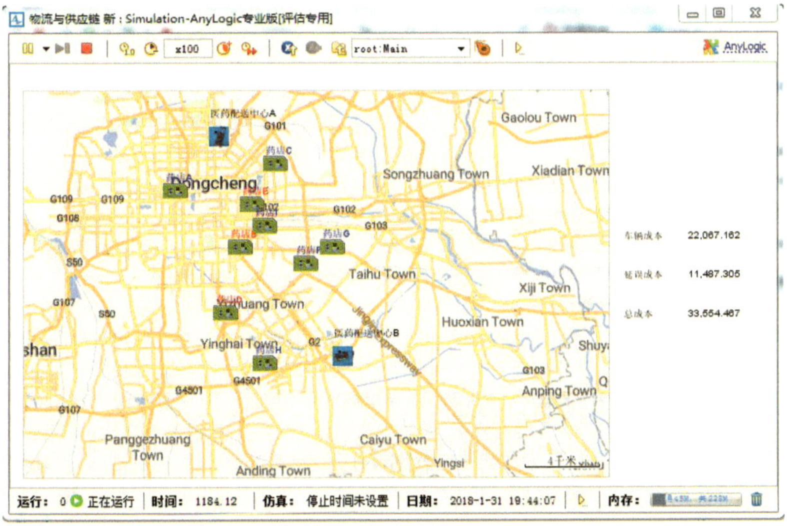

图6-58

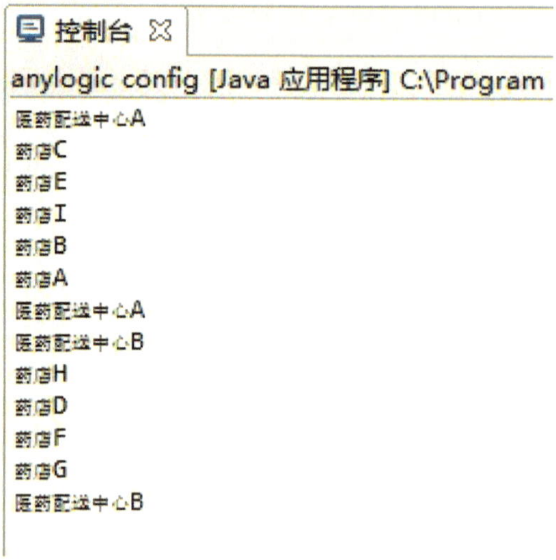

图 6-59

点击“停止”结束运行，再选择第二种方案运行，观察结果，如图 6-60 所示。

图 6-60

我们可以看到运行中成本的变化和配送路径，如图 6–61 和图 6–62 所示。

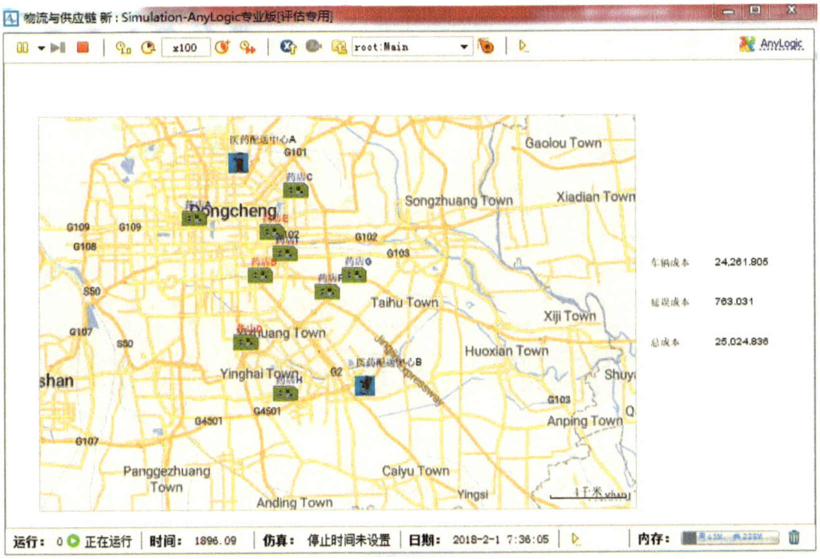

图 6–61

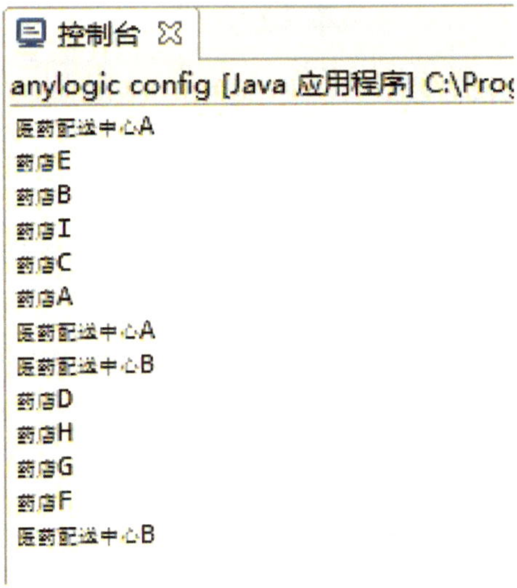

图 6–62

点击“停止”结束运行，观察两种情况下的结果比较，如图 6-63 所示。

图 6-63

本章小结

Anylogic 软件在物流管理方面有着重要的作用。利用 Anylogic 软件，我们可以建立一个智能的模型来模拟物流在仓储、配送、路径规划、选址等方面的运行流程，帮助决策者选择最优物流策略，以降低物流成本，增强自身的竞争力。

随着社会经济的快速发展，供应链如何构建，如何优化，对每个企业来说都至关重要。利用 Anylogic 软件模拟供应链的流程，对实际操作有着积极的作用。学习这个软件，对物流管理专业的学生来说，无论是平常的学习，还是日后的工作都有着很大的帮助。

思考题

1. 当模型运行出现错误时,如何找到模型的错误?

2. 请你简单构建一个本模型的基本流程,并阐述本模型的基本思想。

3. 请利用 Anylogic 软件,根据所学知识,构建一个模型帮助芜湖某物流公司选择配送中心,使其既能扩大服务范围,又能使总成本最低。(选做)

7　工厂模型试验

7.1　学习目标

(1)了解该模型主要应用的控件,并理解其含义。

(2)理解模型的内在逻辑关系。

(3)熟练掌握该模型,并学以致用,运用到实际中去。

本章将创建一个洗衣机组装厂的离散事件模型。该厂将洗衣机的机身和机盖组装成洗衣机。两个部件以一定速率到达的方式进入工厂,其中机身通过传送带抵达组装站。组装机器人将机盖安装到机身上装配成洗衣机,装配好的洗衣机继续经由传送带运送至装箱站,由工人装箱。随后,运输卡车将装好的洗衣机以十个箱子为一组运送出厂。在此模型中,除了逻辑部分,我们还需添加对应的二维、三维展示以及数据统计部分。

7.2　操作步骤

7.2.1　步骤一

打开 Anglogic 软件,点击“文件”—“新建模型”,新建一个模型,并命名为“Factory Assmebly”,“模型时间单位”选择“分钟”,如图 7-1 所示。

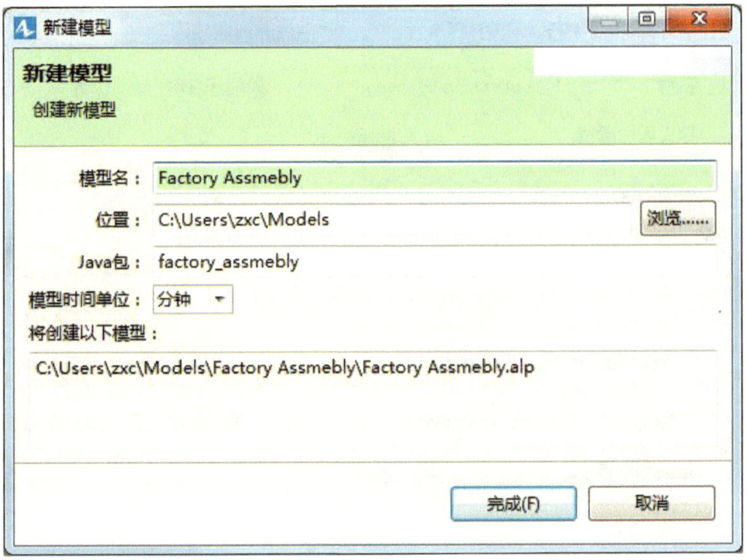

图 7-1

创建完成后，进入到一个空白建模界面，此案例中我们主要使用“流程建模库”中的“模块”，操作为：搭建好模型的逻辑流程—建立空间标记与二维动画—设置各模块参数—建立三维动画—数据统计。

根据实验内容我们了解到，模型中包含机身与机盖，两种实体到达组装站后由机器人进行组装，组装完成后由传送带传送至打包环节由工人打包，打包完成后每十个箱子为一组进行运送。

7.2.2　步骤二

从“流程建模库”中拖入两个“Source”模块，表示机身与机盖，分别命名为“sourceBody”和“sourceDoor”，到达方式均为“间隔时间”，均值为 3 分钟的指数到达分布，如图 7-2 和图 7-3 所示。

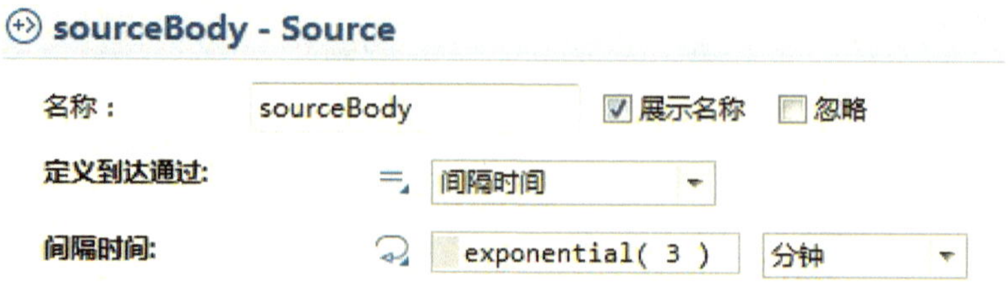

图 7-2

图 7-3

7.2.3 步骤三

机身是通过传送带传送至组装站的，因此我们依次拖入“Queue”和“Conveyor”模块连接在sourceBody后面，分别命名为“bodies”和“conveyor”，如图7-4所示。其中，Queue模块用于模拟实体在进入下一个模块之前的缓冲区域，在此模型中用来暂存洗衣机机身，并使其等待传送带的提取。而Conveyor模块用于模拟以给定的速度沿着特定路线移动的实体，在此模型中用来表示传送洗衣机机身的传送带。

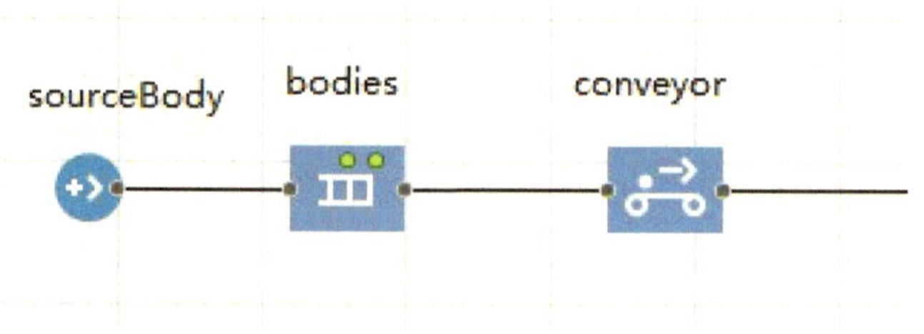

图 7-4

7.2.4 步骤四

拖入一个“Queue”模块连接到sourceDoor后面，用来表示洗衣机机盖的暂存区，并将其命名为“doors”，如图7-5所示。

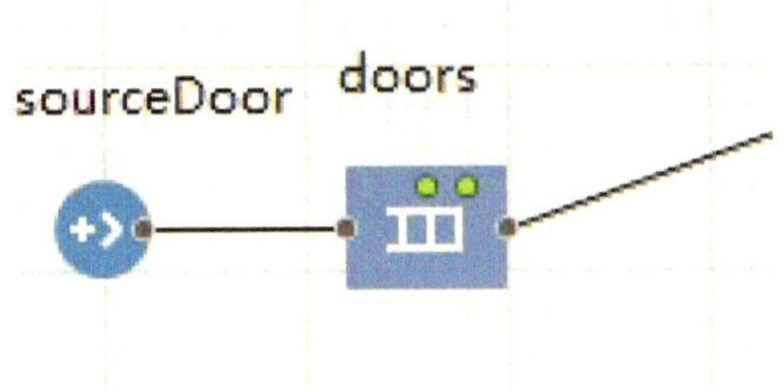

图7-5

7.2.5 步骤五

下一步是组装两个部件：在“流程建模库”中拖入一个“Assembler”模块用来表示组装，并命名为“assembler”。观察此模块会发现，它有5个输入端口，我们将coveryor分支与doors分支依次连接到第一和第二个输入端口上，如图7-6所示。

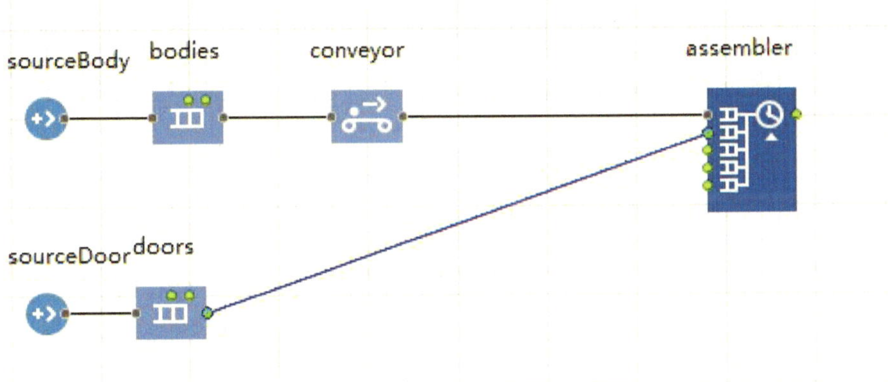

图7-6

7.2.6 步骤六

组装完成后，成品经由传送带传送至打包环节，因此在assembler后再添加一个"Conveyor"模块来运输成品（命名为"conveyor1"）。成品在传送带传送完成后，需要进入一个暂存区存储，等待包装处理，完成后，再以十个为一组打包，然后离开整个流程。因此我们依次拖入"Queue""Service""Batch""Sink"模块，如图7-7所示。

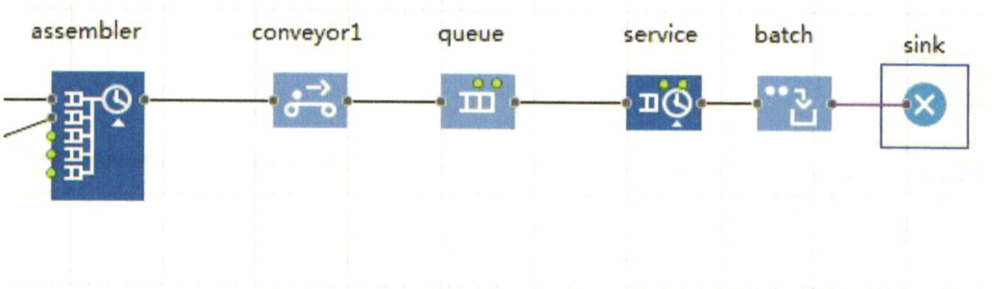

图 7-7

7.2.7 步骤七

（1）到目前为止，模型的整体逻辑大致设置完成，接下来我们导入图片作为模型运行的底图，在"面板"—"演示"模板中拖入一个"图像"，会弹出窗口让我们选择要插入的图片，我们双击选择图片"factory_layout"，如图7-8所示。

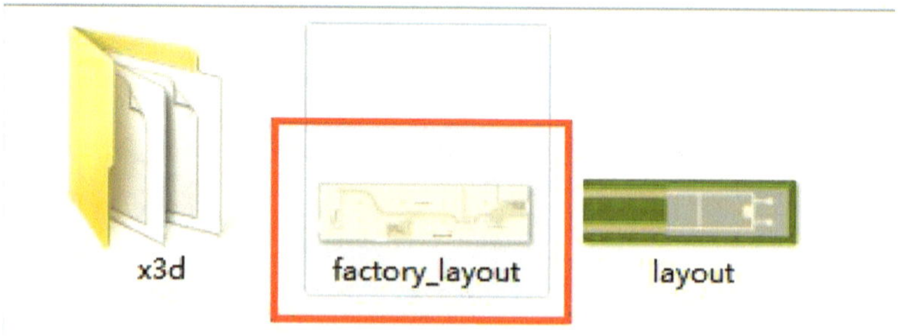

图 7-8

导入之后如图 7–9 所示。

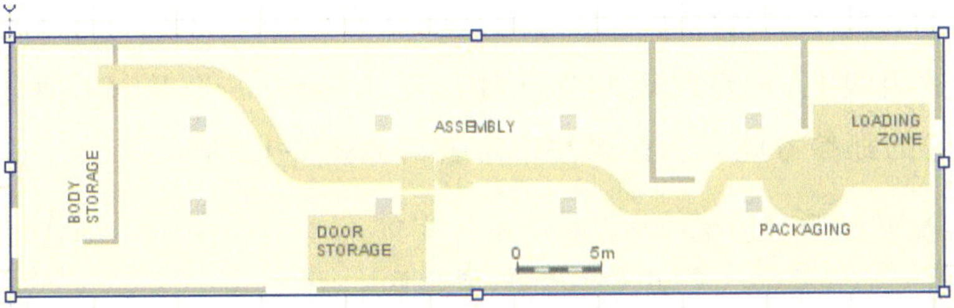

图 7–9

各区域标注如图 7–10 所示。

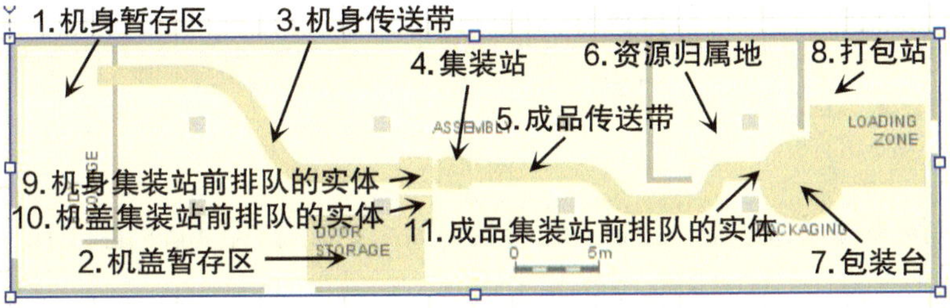

图 7–10

（2）接下来要在底图上添加空间标记，但首先我们需要右键点击该图片将其锁定，这样便可保证添加其他线段时不会误选中该底图，如图 7–11 所示。

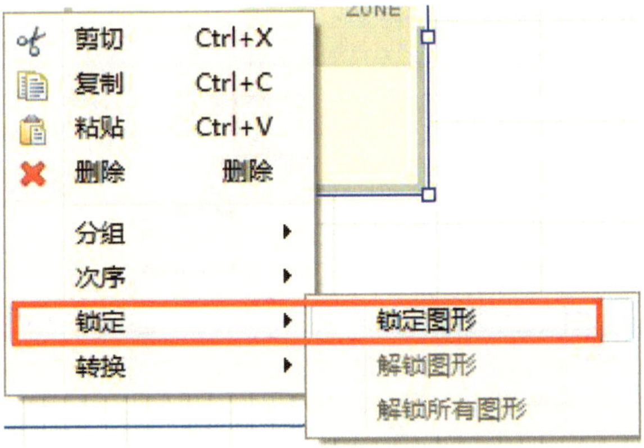

图 7–11

（3）锁定后，在“面板”—“流程建模库”—“空间标记”中拖入“矩形节点”到上图标注的“机身暂存区”，调整矩形来匹配该区域，尽量贴到图片中各区域的边线上，再将此矩形节点命名为“AreaBodies”（后续在底图绘制中需要命名的都参考此方法在属性中命名），如图7-12所示。

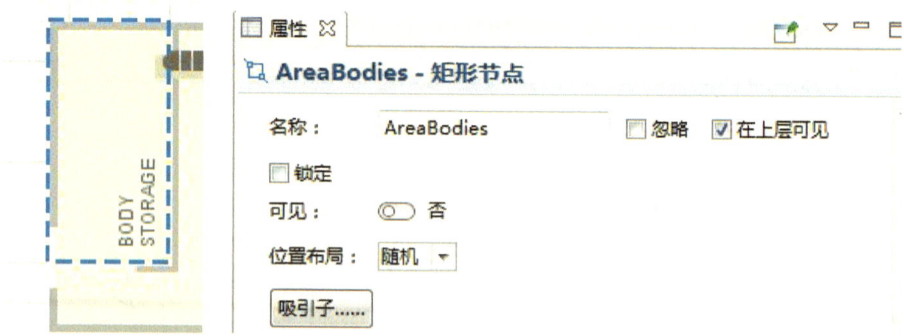

图7-12

（4）接下来在底图中绘制“机身传送带”，双击“空间标记”中的“路径”，当图标前面出现笔的图标 

时，即可在建模界面中进行编辑，按住鼠标左键绘制，单击左键即可产生拐点，默认是绘制直线，而当同时按下Alt键与鼠标左键时可绘制曲线，沿着底图中的线段绘制即可，如图7-13所示。

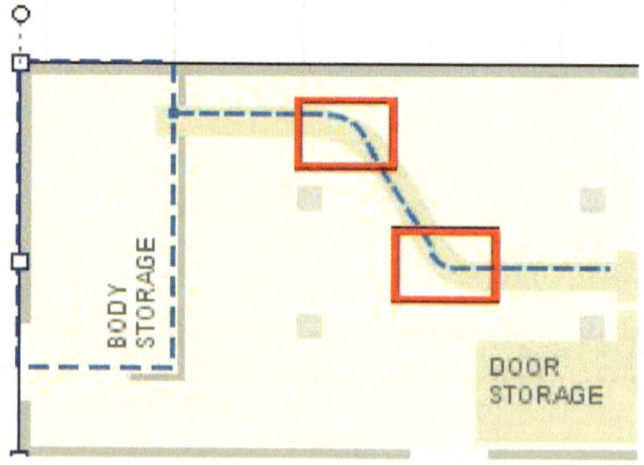

图7-13

（5）选择该曲线，将其类型改为“输送带”。改完之后曲线即可呈现传送带的形象，将其命名为“conveyorBodies”，如图 7-14 所示。

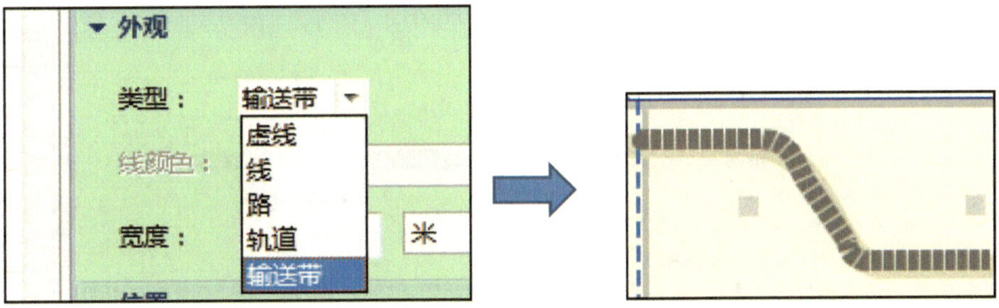

图 7-14

（6）后续的“成品传送带”也是参考此方法设置，完成后将其命名为“conveyorProduct”，Z 轴坐标设为 5，如图 7-15 所示。

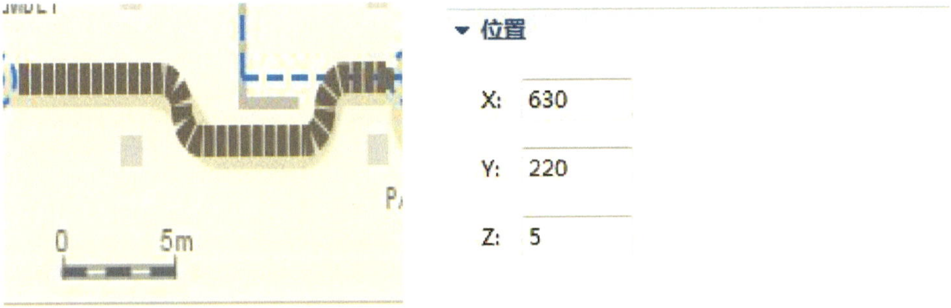

图 7-15

（7）绘制“机盖暂存区”的标记图形，方法参考“机身暂存区”，完成后将其命名为“AreaDoor”，如图 7-16 所示。

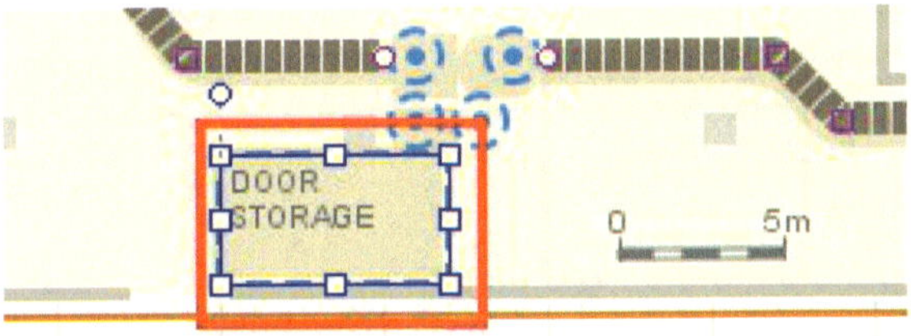

图 7-16

(8)在“集装站”处我们使用“点节点”表示机身和机盖在此处组装,完成后将其命名为“pointAssembly”,如图7-17所示。

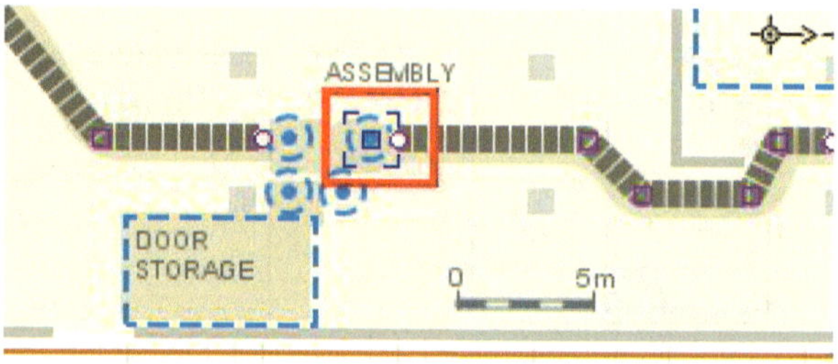

图7-17

(9)在“包装台”进行成品包装时最多可以四个箱子同时进行,因此此处我们使用“矩形节点”来表示,完成后将其命名为“AreaPackage”,如图7-18所示。

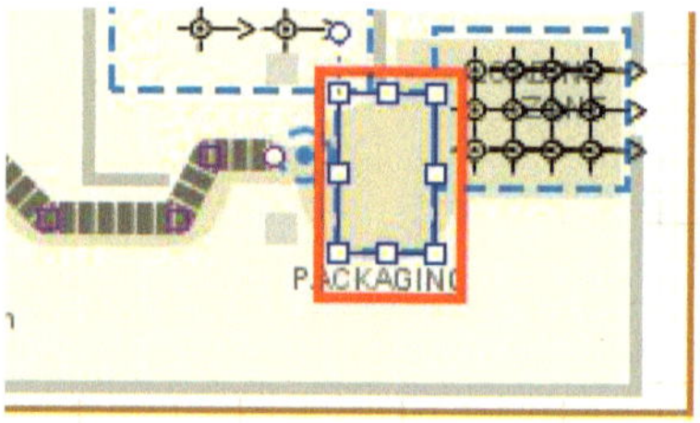

图7-18

(10)在后面的“打包站”是十个包装好的箱子为一组进行包装,因此我们也使用“矩形节点”来表示,完成后将其命名为“AreaBatch”,如图7-19所示。

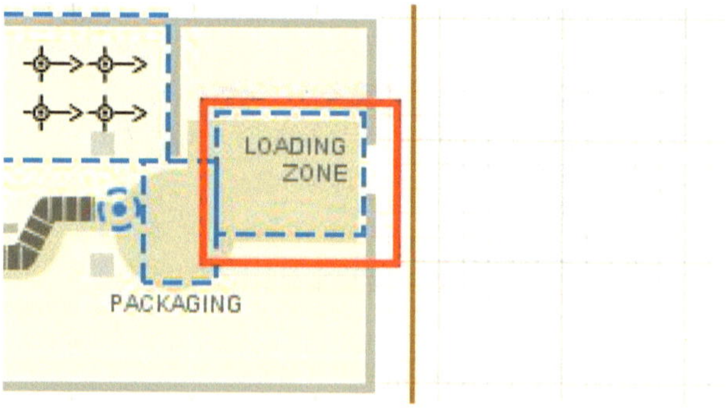

图7-19

(11)在"打包站"中为了使箱子整齐排列,我们可在其中添加吸引子:选中该矩形节点,点击属性栏中的"吸引子",网格设为4×3,如图7-20所示。

图7-20

效果如图7-21所示。

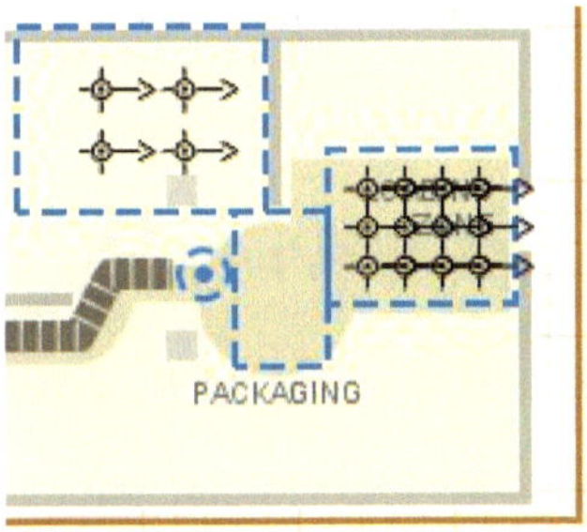

图7-21

(12)在"资源归属地"我们同样使用"矩形节点"来表示资源的归属区域,完成后将其命名为"AreaResource",如图7-22所示。

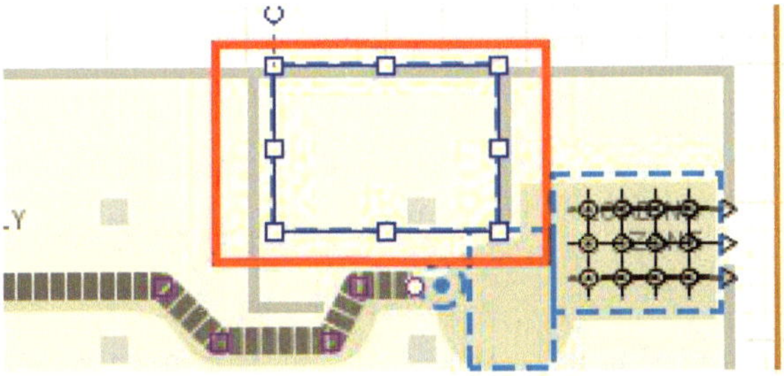

图7-22

（13）我们希望包装工人在此区域中按规律均匀排列资源，因此同样可以借助“吸引子”来实现：选中该矩形节点，点击属性栏中的“吸引子”，网格设为2×2，效果如图7-23所示。

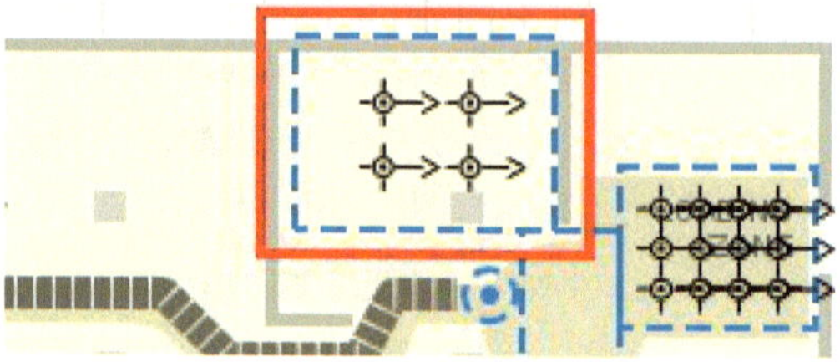

图7-23

（14）在上面的底图中，还有几个节点我们尚未提及，分别表示机身、机盖在集装站前排队的实体，以及成品在包装台前排队的实体，因此我们分别拖入3个“点节点”到对应位置，依次命名为“pointBodies”“pointDoor”和“pointPackage”，如图7-24所示。

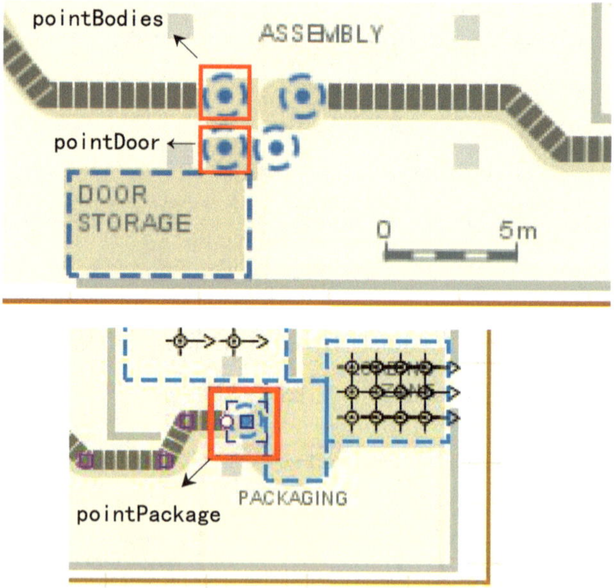

图7-24

至此，空间标记与二维展示基本完成，接下来我们首先创建3个智能体类，分别表示洗衣机机身、机盖与洗衣机成品。

7.2.8 步骤八

（1）从“流程建模库”中拖入3个“智能体类型”到建模窗口中，分别命名为“Body”“Door”和“Machine”，在这一步我们暂时先不设置展示形象，也不添加参数，点击“完成”即可，如图7–25所示。

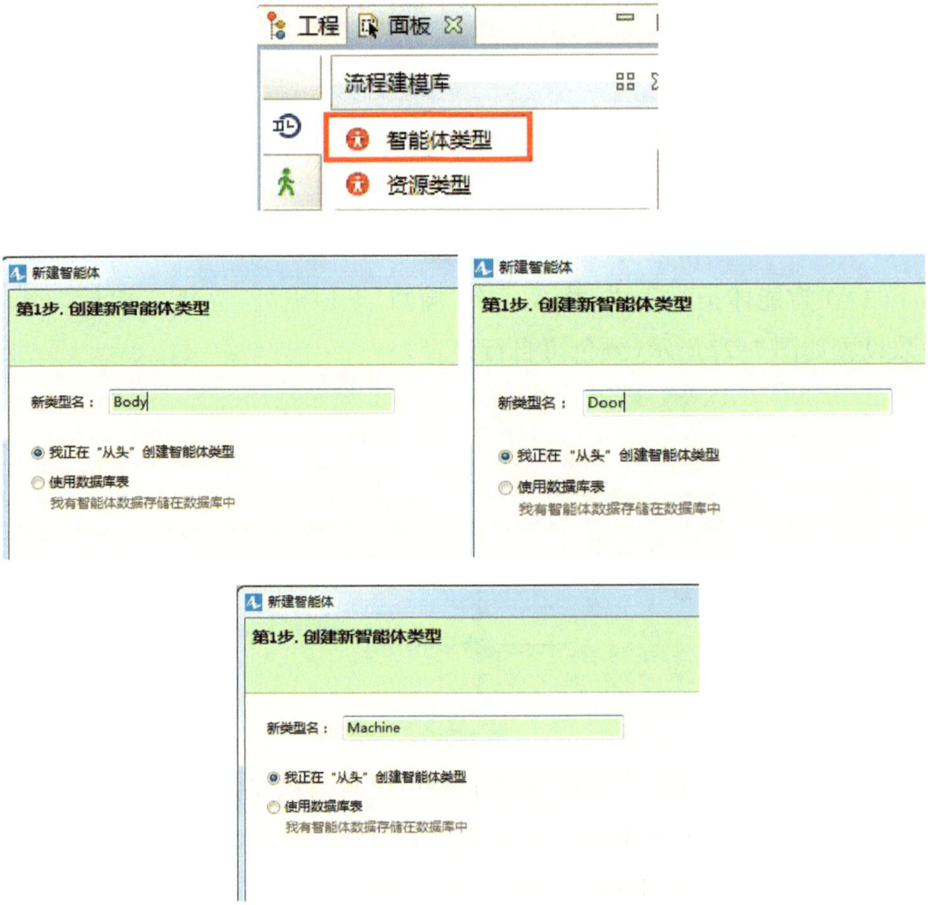

图7–25

(2)进入到智能体类Body界面,设定其展示形象,将“面板”—“演示”—“矩形”拖至原点处,在其属性窗口设定宽度及高度均为14,填充颜色则可根据个人喜好进行设定,然后将矩形移动至原点处,如图7-26所示。

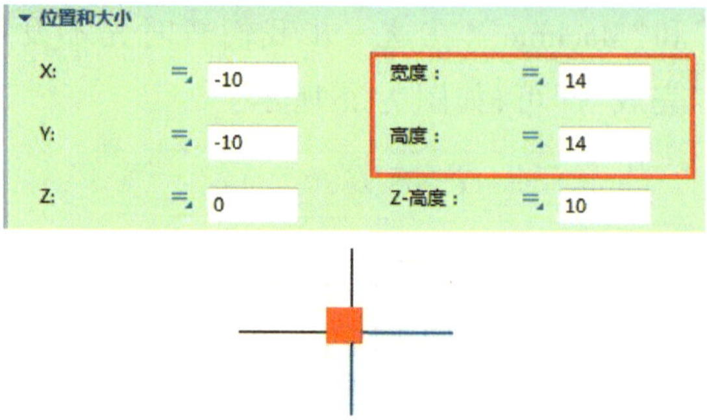

图7-26

(3)在智能体类Door中,拖入一个“椭圆”至原点处(方法参考上一步),参数设置如图7-27所示(颜色可自行设置)。

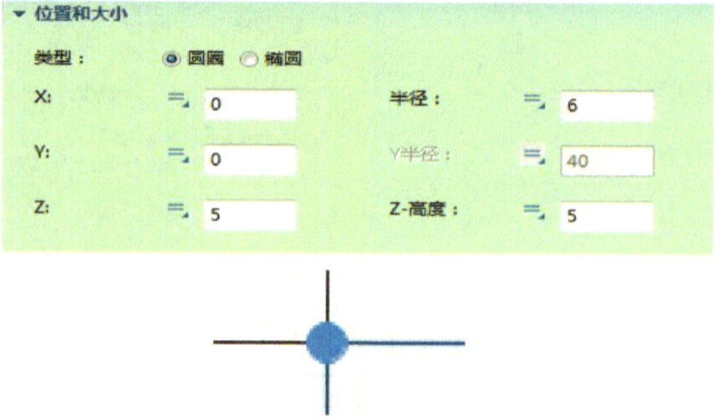

图7-27

(4)在智能体类Machine中,由于它是由机身与机盖组装起来的,所以展示的动画可以将Body和Door的动画(矩形和椭圆)组合起来:复制Body和Door的动画,粘贴到Machine类的原点处,如图7-28所示。

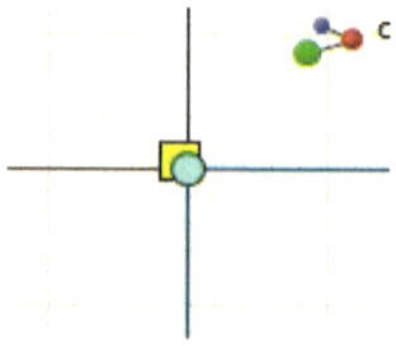

图7-28

（5）将“演示”—“组”拖至原点处，命名为“machinePres”，依次右键点击矩形和椭圆，将其添加到machinePres中即可生成Machine的包装前展示形象，如图7-29所示。

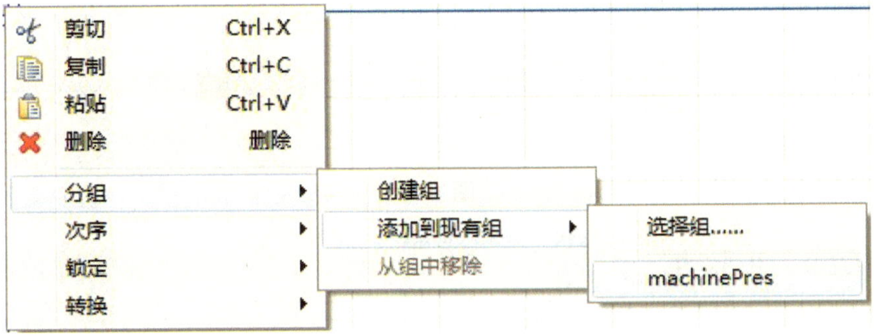

图7-29

（6）定义箱子包装后的形象，从“面板”—“三维物体”—“盒子”中拖入“盒1关”，并命名为“boxPackage”。按如图7-30所示设置初始状态，将其设为不可见。

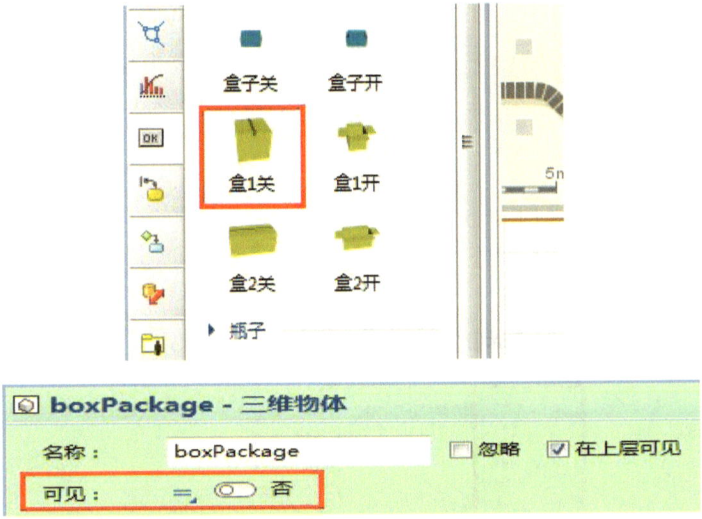

图7-30

（7）将盒子的显示比例设为200%，并将其拖至原点处，与椭圆重合，效果如图7-31所示。

图7-31

7.2.9 步骤九

接下来就是设置各个模块参数，并将各个流程模块与空间标记链接起来。

（1）返回Main界面，在sourceBody中，间隔时间已经设置成每exponential（3）分钟产生一个实体；接下来在“新智能体”选项中，选择“Body”，即表示此源模块产生洗衣机机身，如图7-32所示。

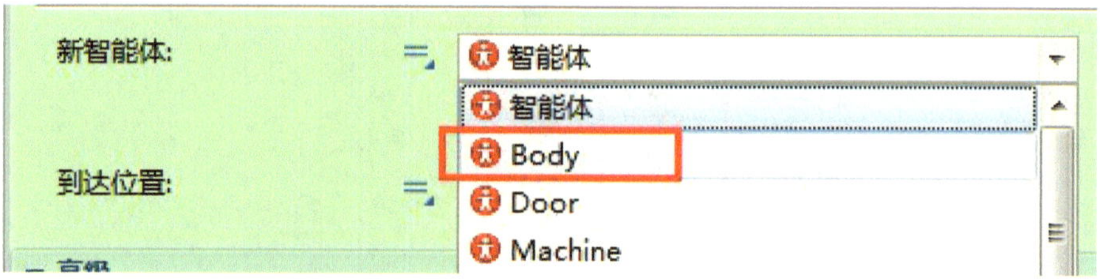

图7-32

（2）机身暂存区空间标记如图7-33所示。

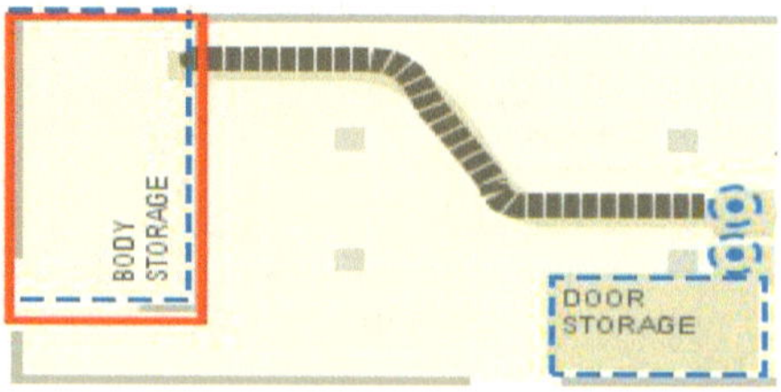

图7-33

因此选择流程图中对应的bodies，在“智能体位置”选项中选择此矩形节点，如图7-34所示。

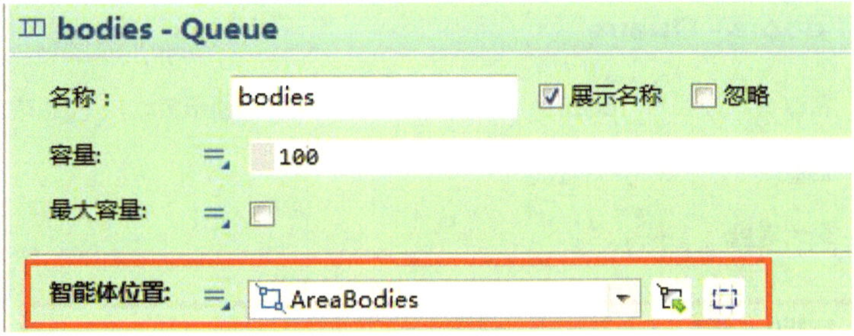

图7-34

（3）在机身传送带“conveyor”模块的“智能体位置”选项中选择空间标记conveyorBodies，如图7-35所示。

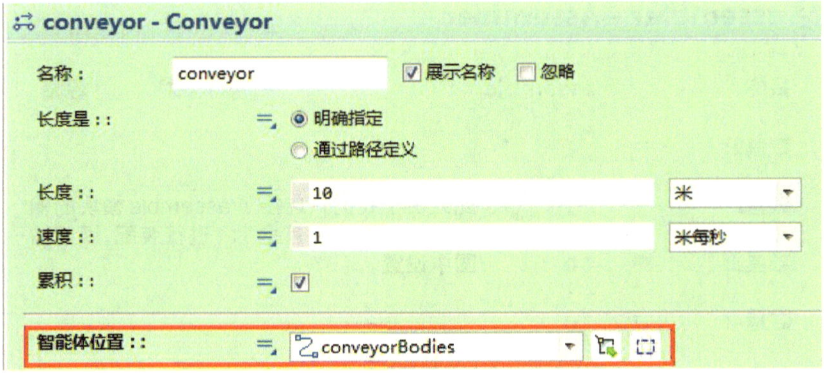

图7-35

（4）在机盖“sourceDoor”模块的“新智能体”选项中选择“Door”，如图7-36所示。

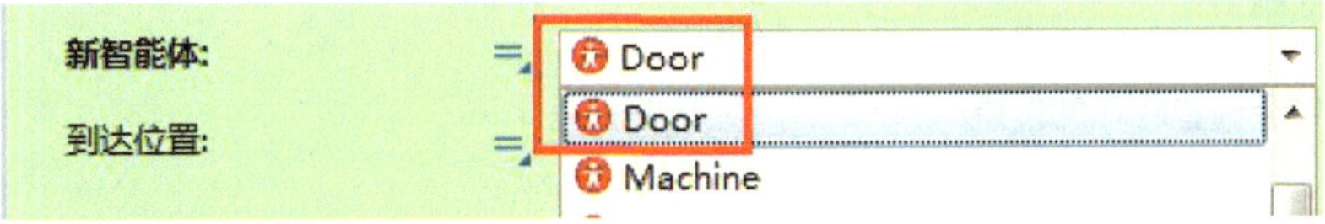

图7-36

(5)在流程图中“doors”模块的“智能体位置”选项中选择“AreaDoor”，如图7-37所示。

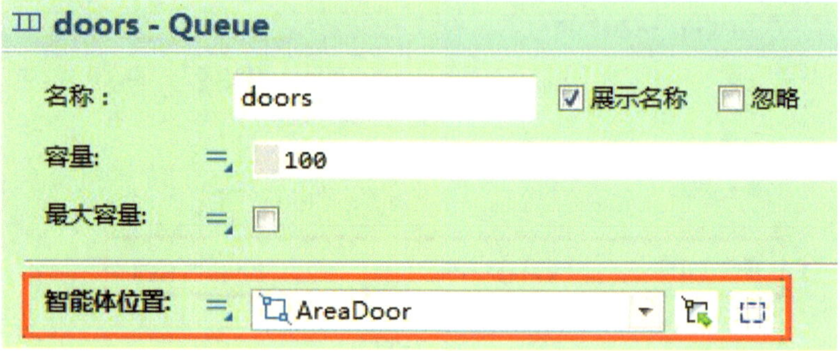

图7-37

(6)接下来设置装配站“assembler”模块参数，如图7-38所示。

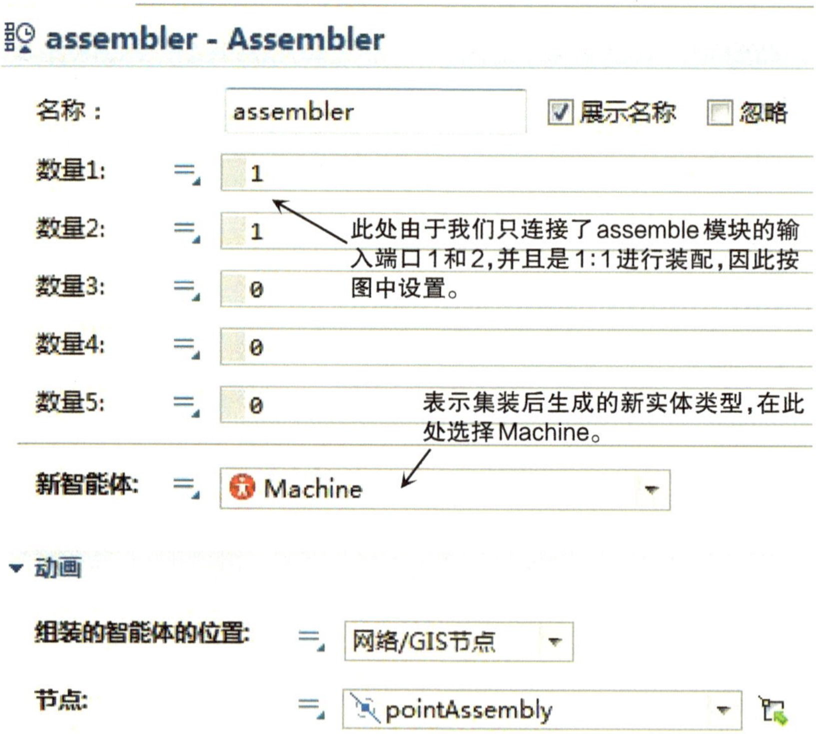

图7-38

在此模块中我们可以添加一个机器人资源集来服务集装过程。首先从"流程建模库"中拖入一个"资源类型"到建模窗口，并命名为"Robot"，如图7-39所示。

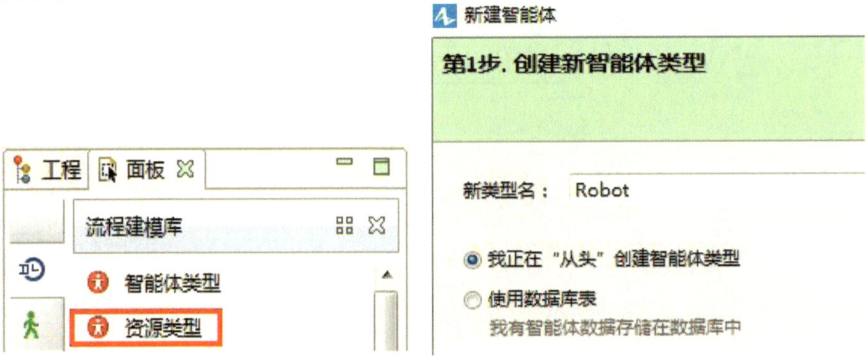

图7-39

点击"下一步"，为智能体添加动画，选择"制造"—"机器人1"，点击"完成"即可进入Robot的界面，如图7-40所示。

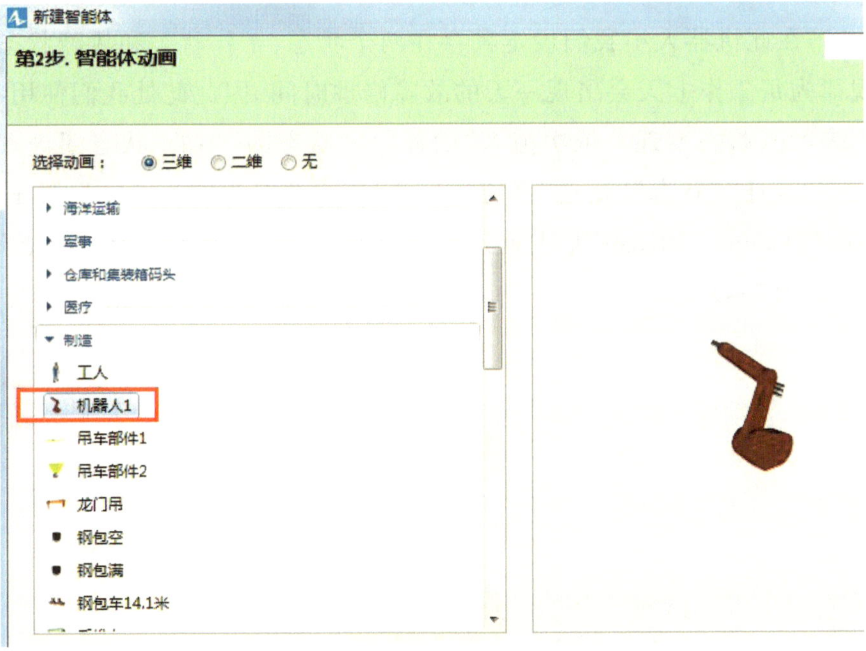

图7-40

(7)选中原点处的机器人形象,并命名为“robotFailure”,附加比例设置成400%。选中此形象,点击右键复制出一个机器人,将其命名为“robot-Working”,颜色修改为绿色,移动至原点处,如图7-41所示。

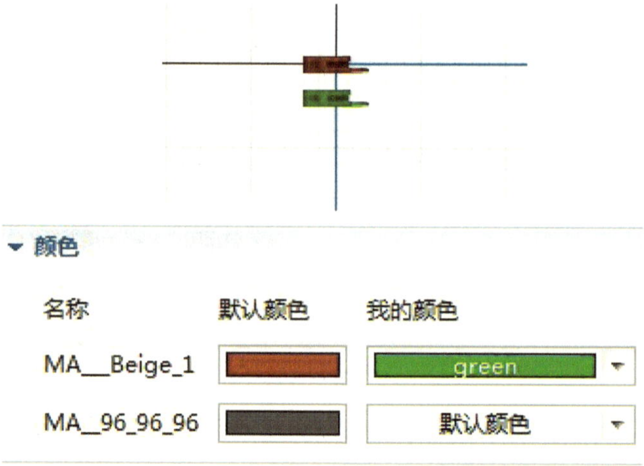

图7-41

(8)在此机器人中我们设定其存在两个状态:工作状态和故障状态;产生规律为每工作七天会出现一天的故障修理时间,因此此处我们使用状态图来表示其状态变迁。依次拖入“面板”—“状态图”中的“状态图进入点”“状态”“变迁”“状态”“变迁”至建模界面,依次命名为“statechart”“Working”“Crash”“Failure”“Repair”(对于名称不显示的,可在属性中勾选“展示名称”),如图7-42所示。

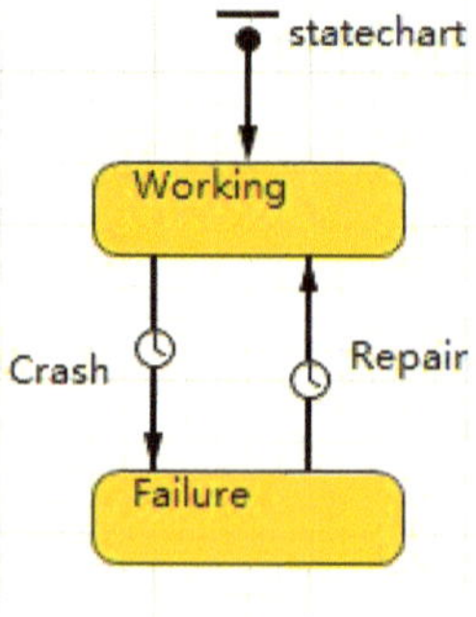

图7-42

(9)接下来要设置变迁条件。由于故障的触发方式为按时间间隔触发，每工作七天会有一天的故障修理时间，因此对于两个变迁，我们均选择“到时触发”，具体时间可以设置两个参数来表示，分别命名为“MTTF”(Mean Time to Failure)和“MTTR”(Mean Time to Repair)，数值分别设为 7*day()和 1*day()，如图 7-43 所示。

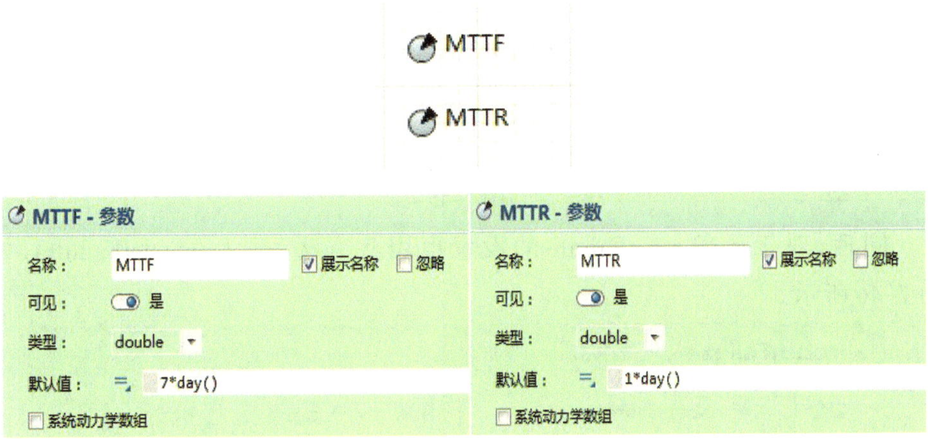

图 7-43

则在变迁 Crash 和变迁 Repair 中，我们按如图 7-44 设置。

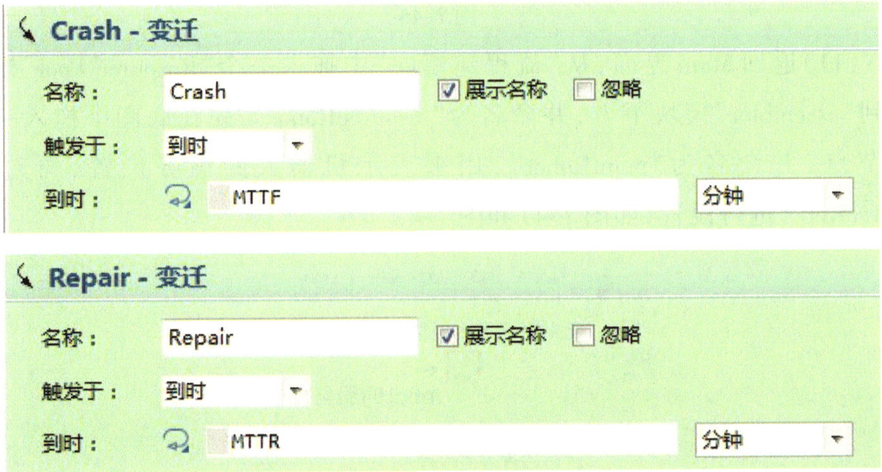

图 7-44

（10）对于机器人Robot来说存在两个状态：Working和Failure，我们使用前面设置的两个动画robotFailure和robotWorking来表示这两个状态。首先选中形象robotWorking，在“可见”选项处改成动态，输入inState(Working)，如图7-45所示，即此形象仅在Robot处于Working状态的时候才可见。

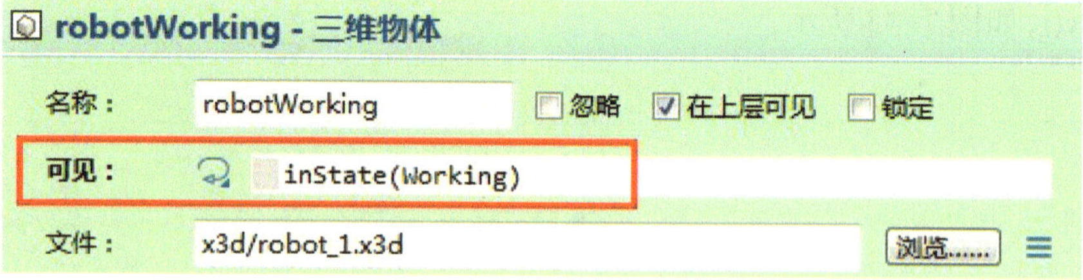

图7-45

同理，对于形象robotFailure的设置也用此方法，输入inState(Failure)，如图7-46所示。

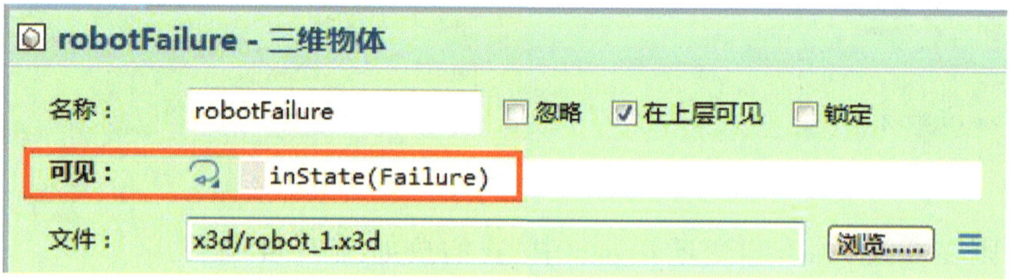

图7-46

（11）返回Main界面，从“流程建模库”中拖入一个“Resource Pool”模块放到“assembler”模块下方，并命名为“resourceRobot”，先在底图中拖入一个点节点，并命名为“pointRobot”，用来表示机器人的服务位置，再对resourceRobot进行设置，如图7-47和图7-48所示。

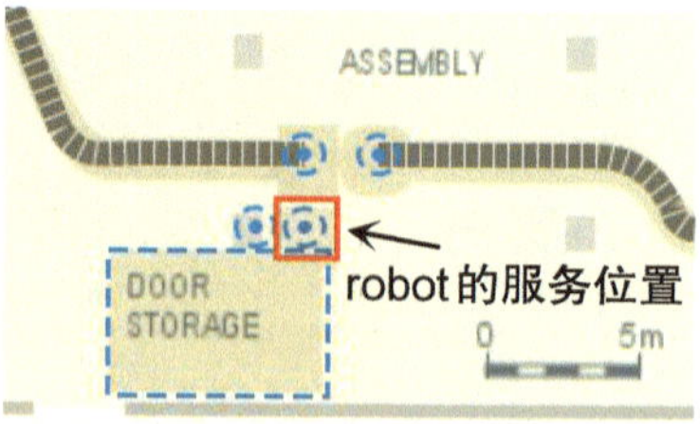

图7-47

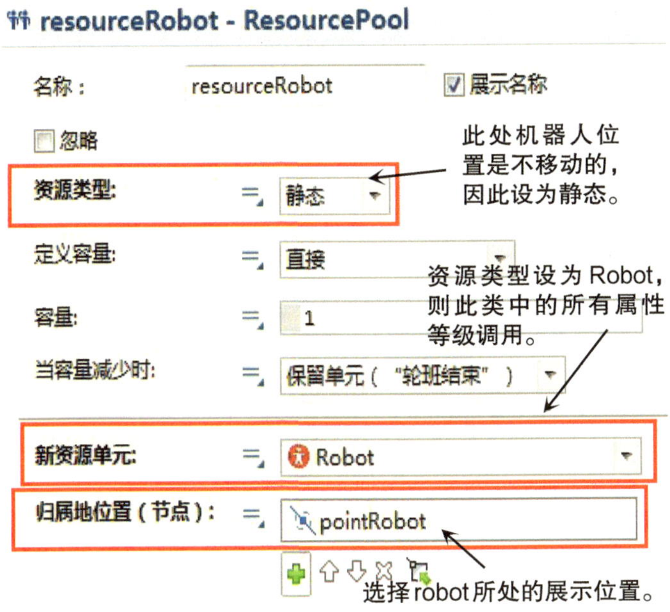

图 7–48

（12）在“assembler”模块中，选择要调用的资源集 resourceRobot，数量设为 1，延迟时间设为 triangular(0.5, 1, 1.5)*2 分钟，如图 7–49 所示。

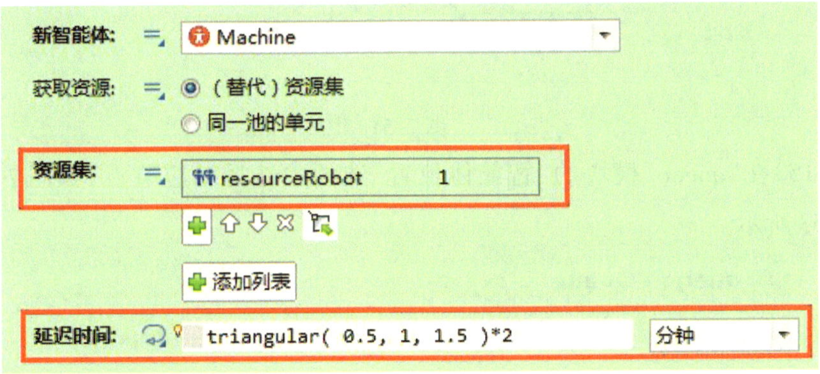

图 7–49

（13）“assembler”模块后的“conveyor”模块需选中其对应的传送带，如图 7-50 所示。

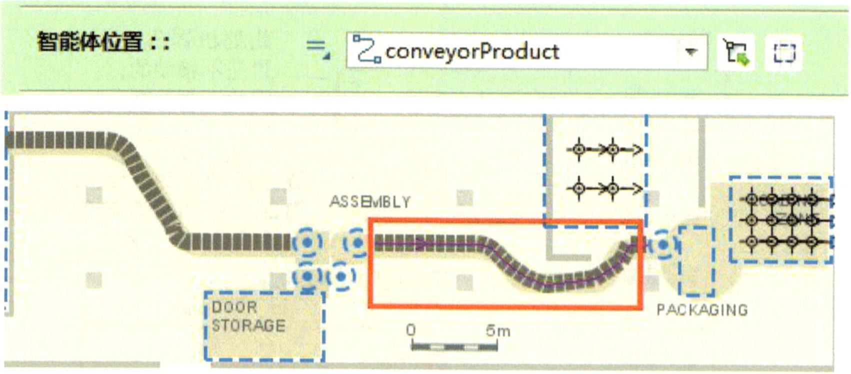

图 7-50

（14）经过 conveyorProduct 运输后，产品到达 Packaging 即包装区进行包装。我们设定最多同时可以包装 4 台洗衣机，则多余的实体要在传送带末端的节点处排队，如图 7-51 所示。

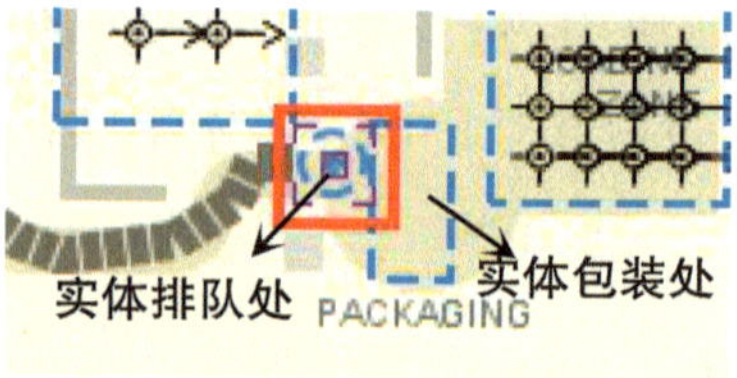

图 7-51

（15）在“queue”模块的“智能体位置”选项中选择对应节点，如图 7-52 和图 7-53 所示。

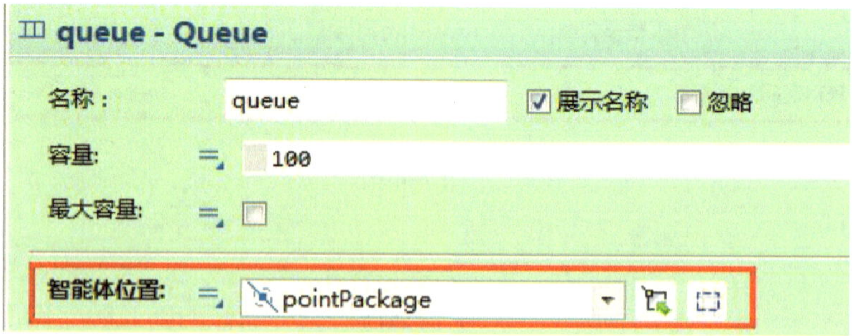

图 7-52

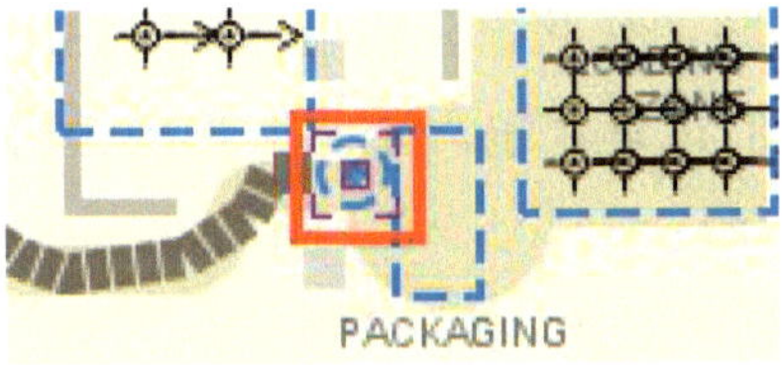

图 7-53

7.2.10 步骤十

(1)对于AreaPackage包装模块,我们设置有四个工人在此进行包装操作,因此我们仍添加一个"resourcePool"模块(具体方法参考前面定义robot的方法),即先定义一个智能体类Resource,形象为三维工人,点击"完成"即可,如图7-54所示。

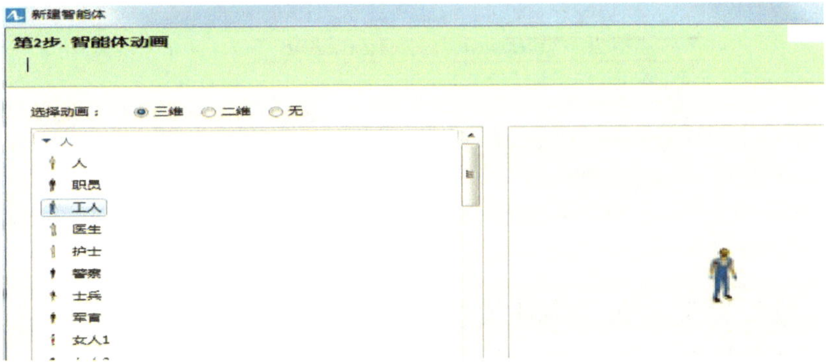

图 7-54

注意:这里设置的是3D形象。

(2)接下来进入Resource界面,在原点处可以看到我们刚刚设置的工人形象,首先将其重命名为"workerIdle",然后设置成仅在闲置时在三维环境中显示此形象,代码位isIdle(),如图7-55所示。

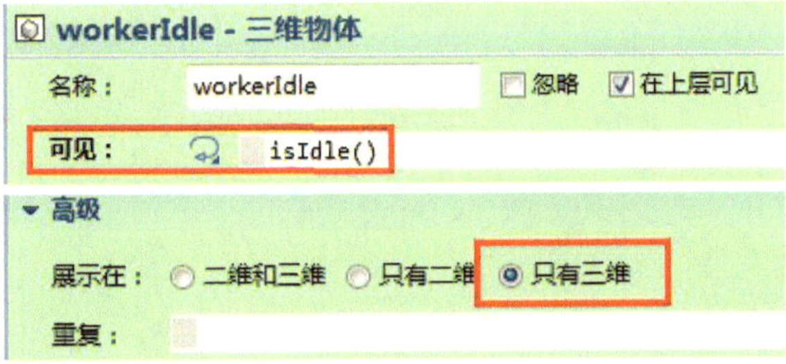

图 7-55

(3)定义该资源不同工作状态下存在不同的3D形象,分别表示闲置状态和忙碌状态,因此我们再复制出一个工人形象,并命名为“workerBusy”,代码为isBusy(),如图7-56所示。

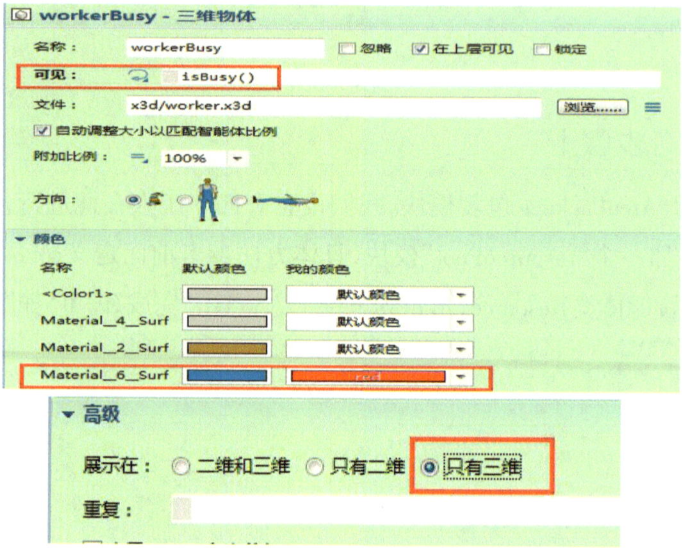

图7-56

(4)设置工人在二维环境中的动画形象:在“面板”—“图片”中拖入“常规”—“人”至原点处,如图7-57所示。

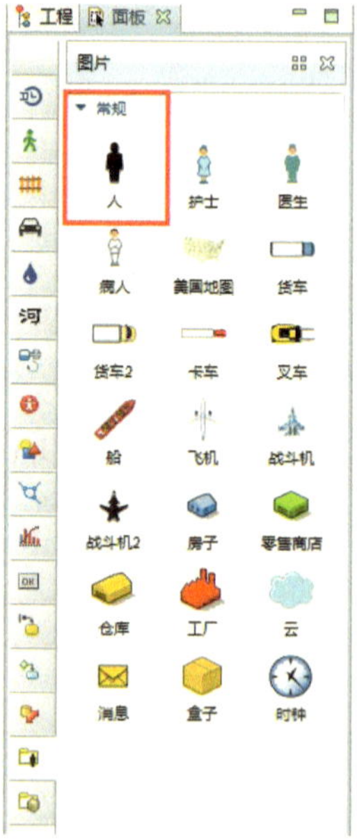

图7-57

（5）对于这类图片，若想更改颜色，需右键点击该图片，选择“分组”—“取消分组”，如图7-58所示。

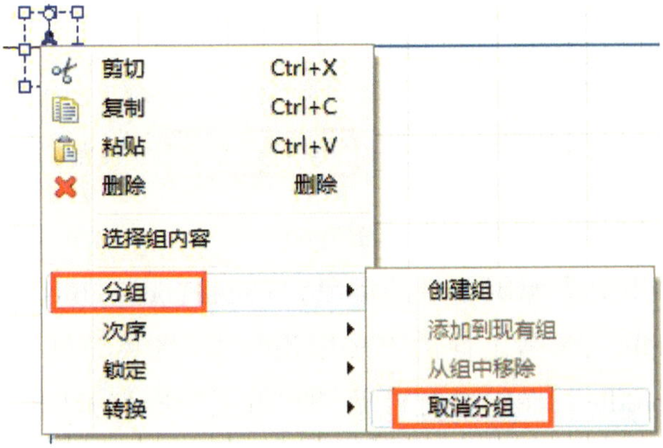

图7-58

取消分组后，将组person删除，我们可以将此曲线的填充颜色更改为红色，如图7-59所示。

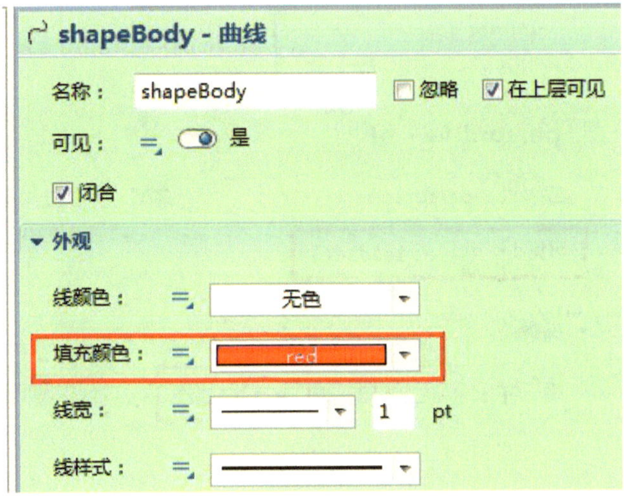

图7-59

（6）我们可以将颜色改变后的动画形象重新创建分组并命名为“personBusy”，仅在忙碌时可见，因此“可见”处设为动态，代码为isBusy()，如图7-60所示。

图 7-60

(7)还需要生成资源闲置时的形象，可复制“personBusy”这个形象，重新命名为“personIdle”，参考上面的方法取消分组，将其颜色更改为绿色，再重新添加组“personIdle”，在闲置时可见，即“可见”处设为动态，代码为 isIdle()，仅展示在二维，如图 7-61 所示。

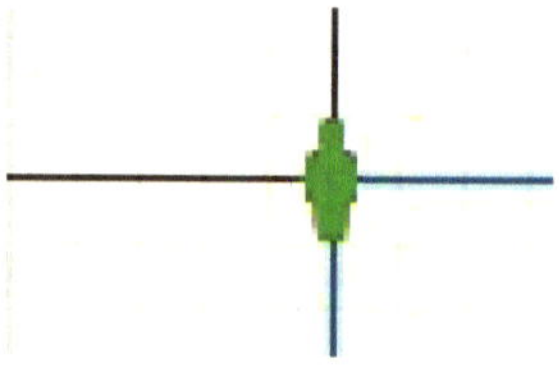

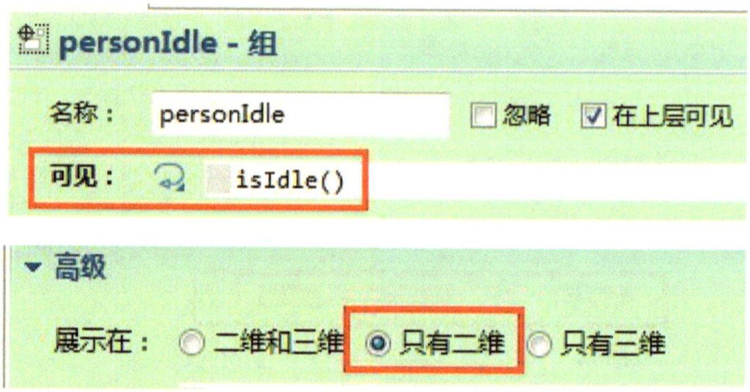

图 7-61

7.2.11 步骤十一

（1）返回 Main 界面，从“流程建模库”中拖入一个“ResourcePool”，并命名为“resourcePool”，将其容量设为 4，新资源单元为 Resource，归属地位置（节点）为矩形节点 AreaResource，如图 7-62 所示。

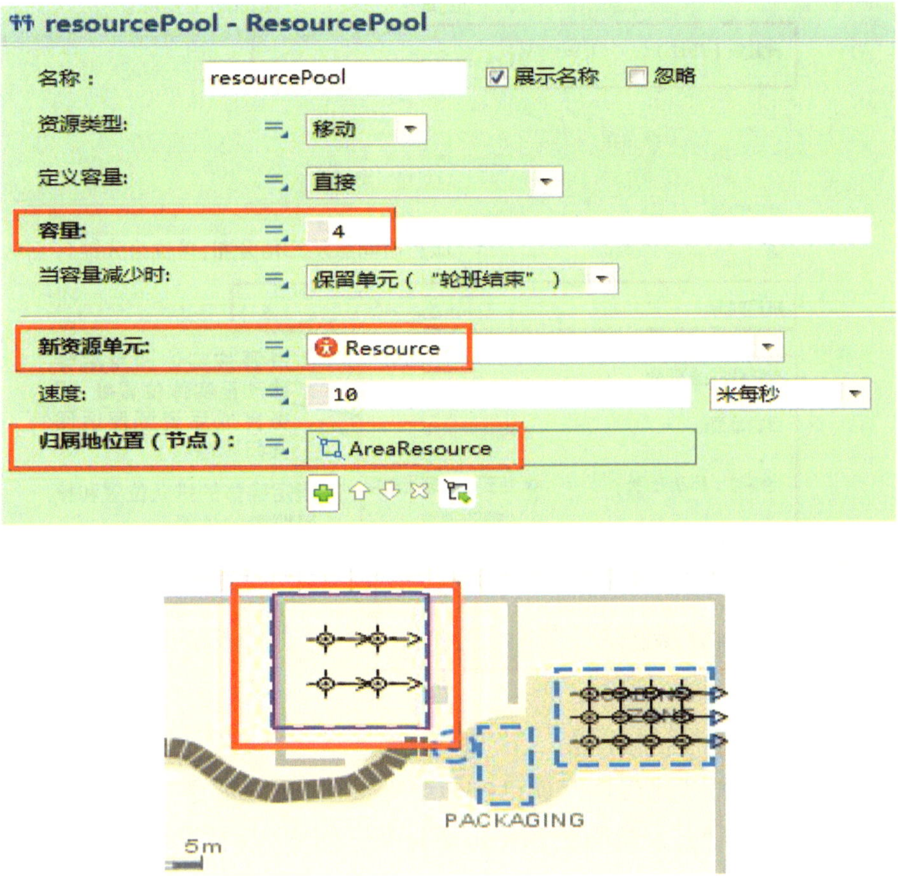

图 7-62

(2)此资源池由 service 模块调用,调用工人来为箱子包装。对 service 模块按如下进行设置,如图 7-63 所示。

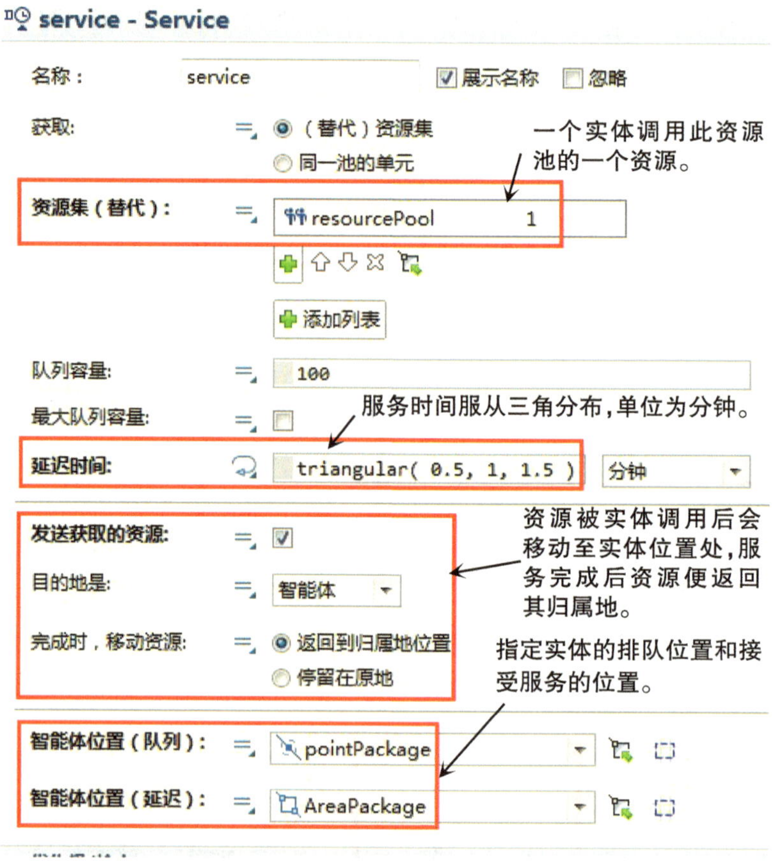

图 7-63

注意:箱子离开此模块时就已经包装完成了,形象应是 boxPackage,因此将此形象设为可见,未包装的箱子形象设为不可见,具体如图 7-64 所示,代码为:

```
agent.machinePres.setVisible(false);
agent.boxPackage.setVisible(true);
```

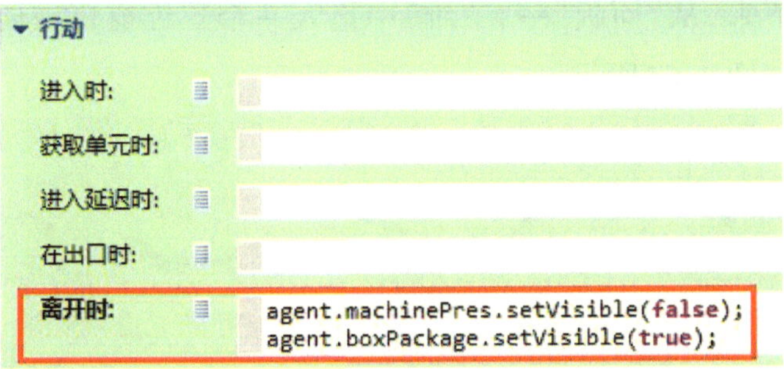

图 7-64

(3)在打包模块“batch”，十个为一组进行打包，并指定智能体位置为AreaBatch，如图 7-65 所示。

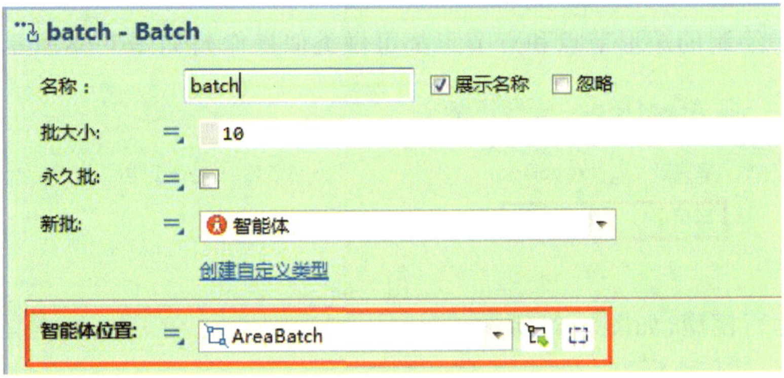

图 7-65

7.2.12 步骤十二

(1)到目前为止，模型已基本搭建完成，可编译运行模型，如图 7-66 所示。

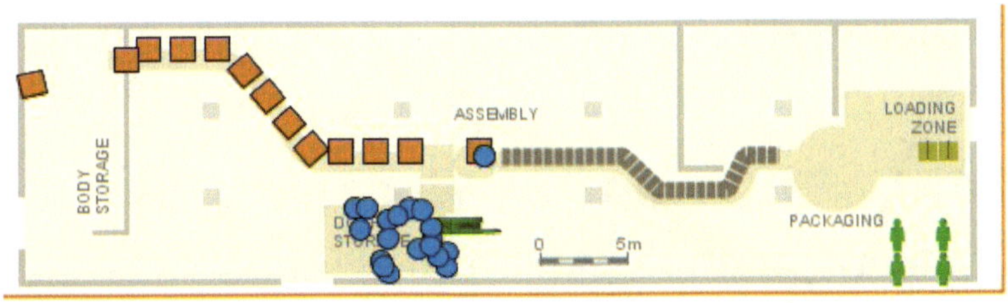

图 7-66

（2）接下来，从“面板”—“三维”中拖入一个三维窗口来展示三维环境，运行模型，如图7-67所示。

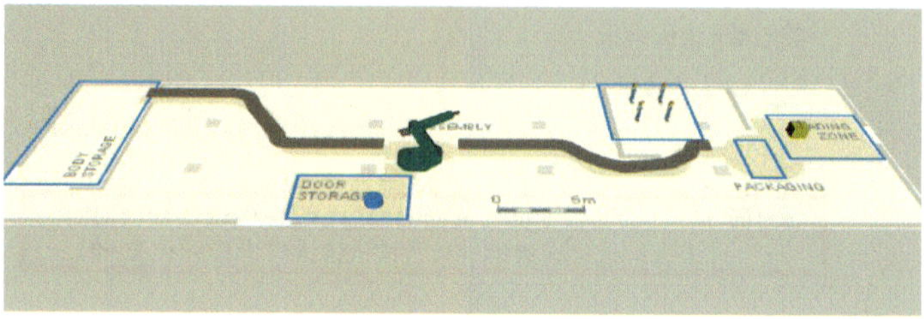

图7-67

（3）进一步美化三维环境，如为此生产车间添加外围墙壁，则双击“面板”—“行人库”—“墙”，沿着底图边沿绘制墙壁，还可以将空间标记设为不可见（在地图中绘制的矩形节点和点节点都可做类似操作），如图7-68所示。

图7-68

运行模型，如图7-69所示。

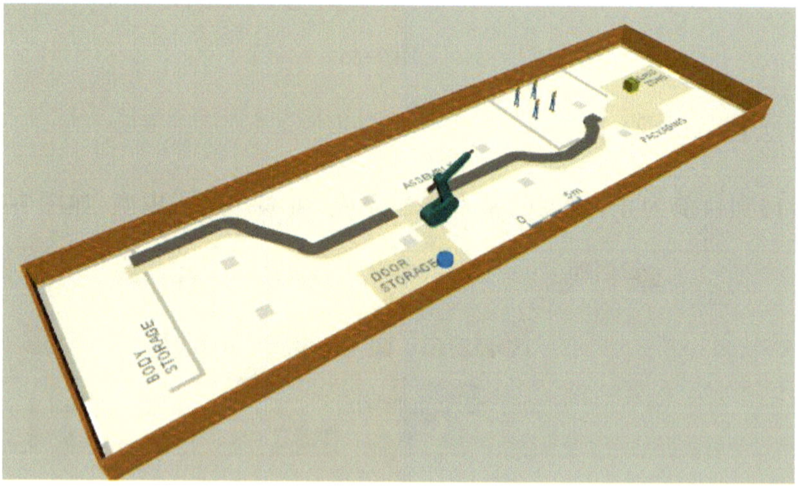

图7-69

7.2.13　步骤十三

（1）接下来添加数据统计，用于统计包装工人的利用率。选择“面板”—“分析”—“图表”中的“条形图”拖入界面中，添加数据，“值”为 resourcePool.utilization()，命名为“ResUtl”，“柱条方向”设成横向显示，如图 7–70 所示。

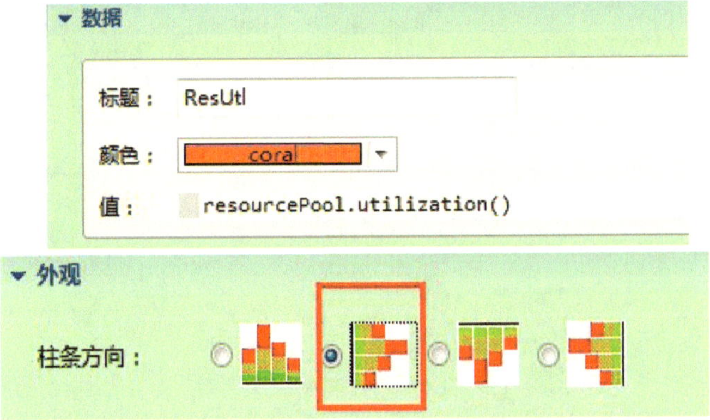

图 7–70

（2）现在模型中存在多个区域，包括：逻辑视图、二维视图、三维视图和数据分析，接下来我们要创建一个视图导航功能，通过点击标题即可切换到相应视图区域。首先调整各个区域位置，依次从“演示”中拖入“视图区域”到各个区域左上方，名字分别为 viewArea、viewArea1、viewArea2 和 viewArea3，如图 7–71 和图 7–72 所示。

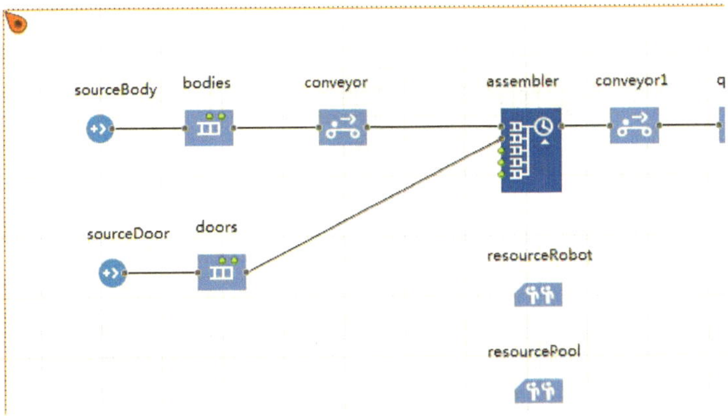

图 7–71

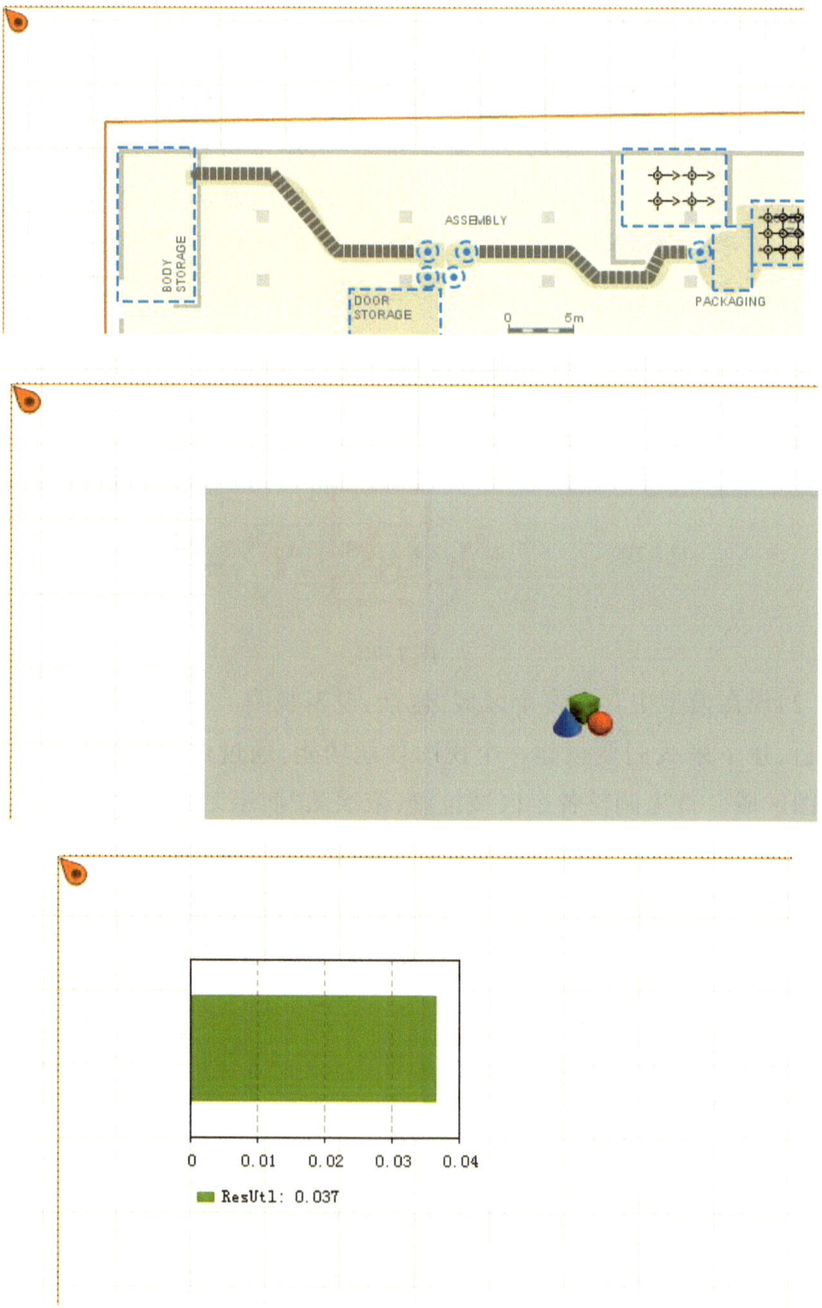
BODY STORAGE
ASSEMBLY
DOOR STORAGE
PACKAGING
0
5m
0
0.01
0.02
0.03
0.04
ResUtl: 0.037

图 7-72

（3）从“面板”—“演示”中拖入“矩形”到逻辑流程上方，调整长度和颜色，如图7-73所示。

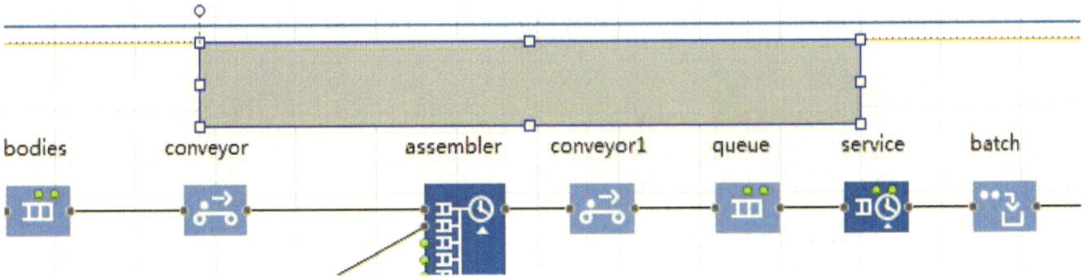

图7-73

（4）拖入四个“文本”放置到上述矩形上，在四个“文本”处分别输入“2D视图”“3D视图”“逻辑视图”和“数据分析”，如图7-74所示。

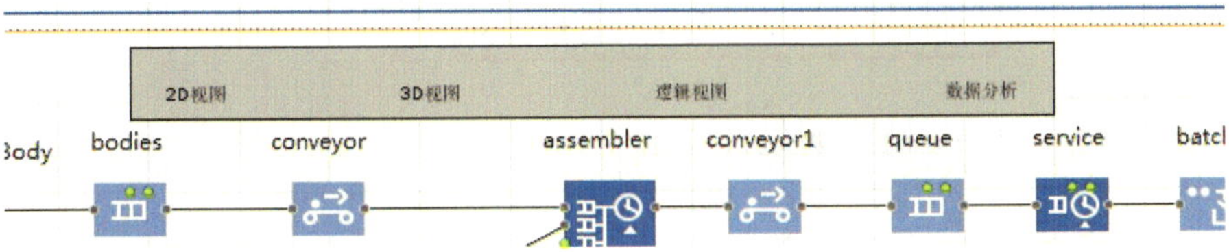

图7-74

（5）在“点击时”中输入相应代码：

2D视图代码为viewArea1.navigateTo()；

3D视图代码为viewArea2.navigateTo()；

逻辑视图代码为viewArea.navigateTo()；

数据分析代码为viewArea3.navigateTo()；

如图7-75和图7-76所示。

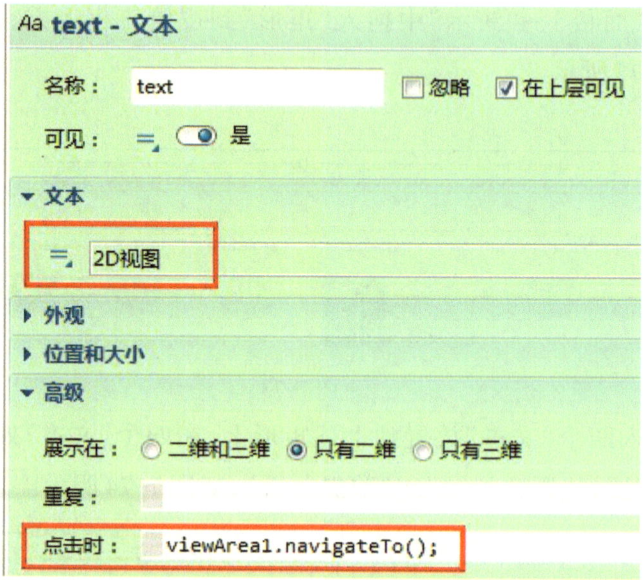
Aa text - 文本
名称：
text
忽略
在上层可见
可见：
是
文本
2D视图
外观
位置和大小
高级
展示在：
二维和三维
只有二维
只有三维
重复：
点击时：
viewArea1.navigateTo();

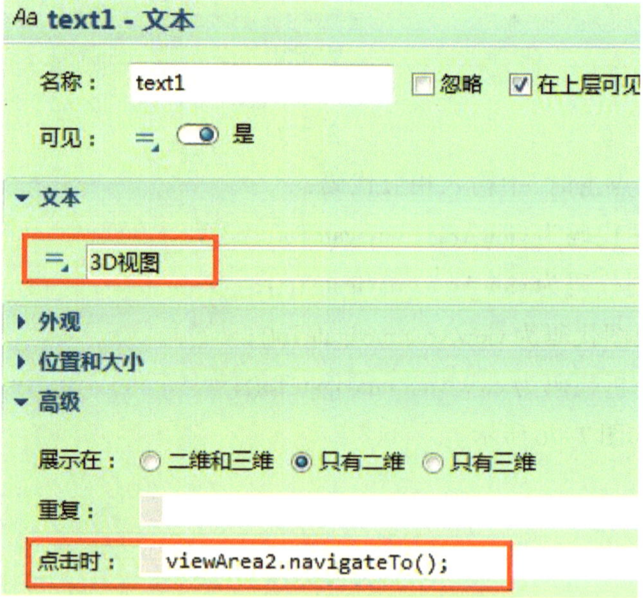
Aa text1 - 文本
名称：
text1
忽略
在上层可见
可见：
是
文本
3D视图
外观
位置和大小
高级
展示在：
二维和三维
只有二维
只有三维
重复：
点击时：
viewArea2.navigateTo();

图 7-75

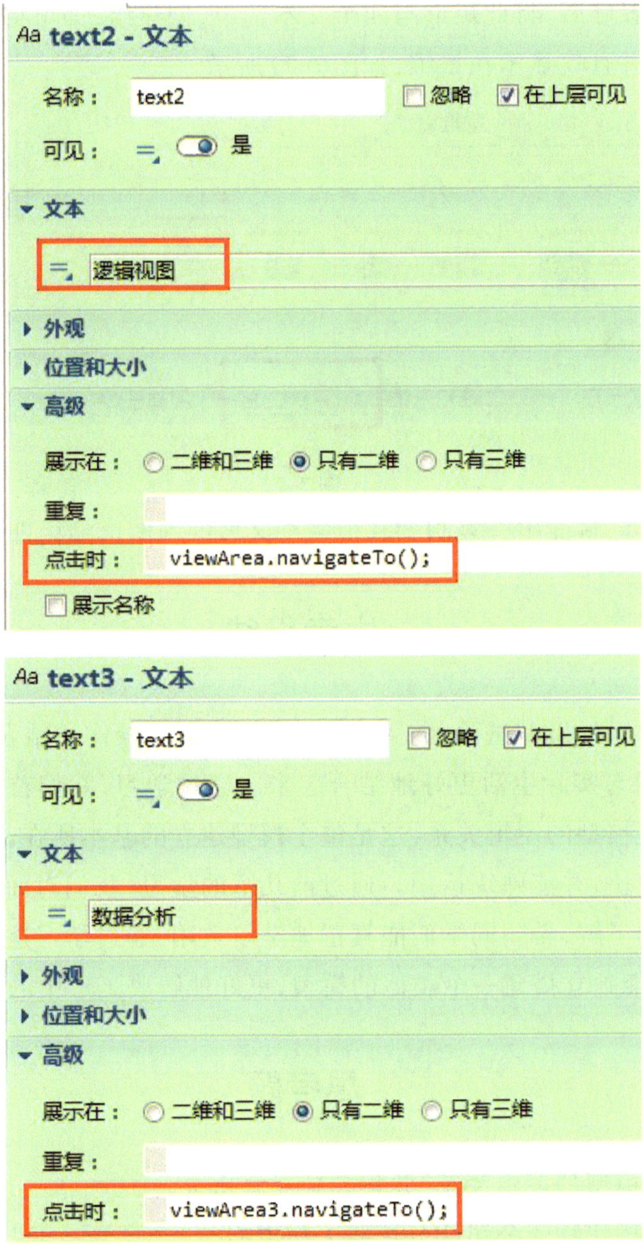
Aa text2 - 文本
名称：
text2
忽略
在上层可见
可见：
是
文本
逻辑视图
外观
位置和大小
高级
展示在：
二维和三维
只有二维
只有三维
重复：
点击时：
viewArea.navigateTo();
展示名称
Aa text3 - 文本
名称：
text3
忽略
在上层可见
可见：
是
文本
数据分析
外观
位置和大小
高级
展示在：
二维和三维
只有二维
只有三维
重复：
点击时：
viewArea3.navigateTo();

图 7-76

(6)设置好后，将此矩形与四个文本选中，创建组，即可将五个对象作为一个组合，并且仅显示在二维，如图7-77所示。

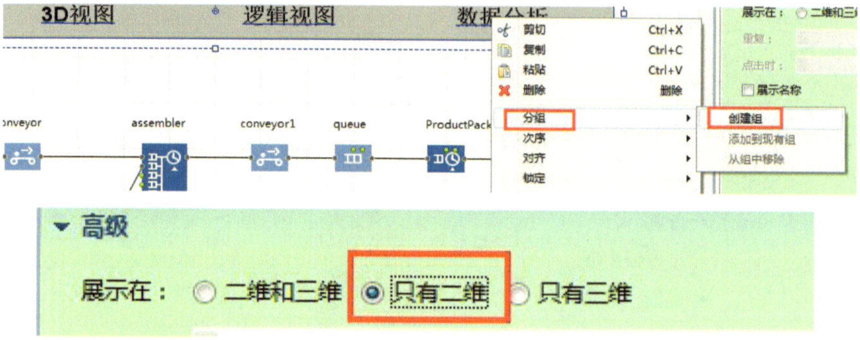

图7-77

(7)最后，将此组合复制到其他三个区域的视图区域内即可。

本章小结

本章的工厂模型试验，将Anylogic软件与实际操作相结合，让我们能将所学的知识与实际生活更好地结合起来。通过学习，我们首先要理解并掌握建立工厂模型的逻辑关系，这是整个模型建立的基本所在。其次，要熟悉所需要的模块，并能熟练运用。通过前几章的学习，我们对面板的主要模块有了一定的了解，希望同学们能真正地学以致用，通过学习这个基础的工厂模型试验，能独立搭建一个类似的模型，更好地解决工厂中的现实问题。

思考题

1. 阐述模型的逻辑关系，并将其独立画出来。
2. 尝试搭建物流公司的分拣线工作模型。

结束语

通过前面一系列学习,相信同学们已经对Anylogic仿真软件有了一定的了解。Anylogic仿真软件总体来说是一款功能强大、实用性很强的软件。通过Anylogic仿真软件建立仿真模型,不仅能够将现实中复杂的工作可视化,更会大大提高工作效率,降低工作中失误的概率。

本书的主要内容包括基于离散事件建模、基于系统动力学的巴斯扩散模型、基于智能体的巴斯扩散模型、人群疏散模型和物流与供应链管理模型等。通过这几个案例的学习,同学们对Anylogic仿真软件有了进一步的了解,基本掌握了模型的建立、控件的含义和功能、模型的构建流程、函数和Excel表的插入、模型的调试和运行等基础知识。

本书的主要目的就是教会同学们一些简单、易学的案例,让同学们对Anylogic仿真软件有个初步的印象。在现实生活中,我们遇到的问题会比本书提到的案例更复杂,这就要求我们要有一颗不断学习的心,学会克服困难,将学到的知识更好地运用到实际生活中。